项目管理流程化学习

Project Management Process Based Learning

邓彦兴◎著

光明日报出版社

图书在版编目（CIP）数据

项目管理流程化学习 / 邓彦兴著 . -- 北京 : 光明日报出版社 , 2022.7
ISBN 978-7-5194-6709-8

Ⅰ . ①项… Ⅱ . ①邓… Ⅲ . ①教育方法－研究 Ⅳ . ① G4

中国版本图书馆 CIP 数据核字 (2022) 第 120638 号

项目管理流程化学习
XIANGMU GUANLI LIUCHENGHUA XUEXI

著　　者：邓彦兴
责任编辑：周文岚　　责任校对：傅泉泽
封面设计：北京研杰星空　　责任印制：曹诤
出版发行：光明日报出版社
地　　址：北京市西城区永安路 106 号，100050
电　　话：010-63169890（咨询），010-63131930（邮购）
传　　真：010-63131930
网　　址：http://book.gmw.cn
E － mail：gmrbcbs@gmw.cn
法律顾问：北京市兰台律师事务所龚柳方律师
印　　刷：北京建宏印刷有限公司
装　　订：北京建宏印刷有限公司
本书如有破损、缺页、装订错误，请与本社联系调换，电话：010-63131930
开　　本：170mm × 240mm　　印　张：11.75
字　　数：186 千字
版　　次：2022 年 7 月第 1 版
印　　次：2022 年 7 月第 1 次印刷
书　　号：ISBN 978-7-5194-6709-8
定　　价：56.00 元

前　言

作为曾经的一名建筑工程师，至2022年6月，笔者涉足教育已有6年多的时间。2018年2月，笔者来到苏州西交利物浦大学附属学校担任课程研发负责人。在学校领导的支持和课题组所有老师的共同努力下，从现行教材内容中筛选合适内容研发创新课程15套，在省级或国家级期刊发表论文15篇，提出“项目管理流程化学习（Project Management Process Based Learning，PMPBL）”教学模式，在小学至高中多个学段的教学实践中进行试点，深受学生欢迎。我们还将其中的6套课程整理为教学案例，分别在2019年和2020年参加了江苏省教育科学研究院主办的“江苏省优秀STEM教学案例评选”活动，6套课程全部获奖。其中，在小学开展的“植物种植”教学案例，还作为优秀案例被江苏凤凰电子音像出版社录入《融浸STEM项目案例荟萃》一书出版（书号ISBN978-7-83013-165-4）。项目管理流程化学习教学模式在苏州西交利物浦大学附属学校教学中的应用实践、获得省优秀教学案例奖项、被著作收录出版等事例，说明“项目管理流程化学习”教学模式具有可复制性，可用于多学科、多学段的教学，已经在一定程度上获得了业内认可，是一种能够促进学生创新能力全面提升的新型教学模式。

本书中的项目管理流程化学习涉及“项目管理”“项目管理流程”等方面的概念。“项目管理”是目前各类管理学中的一个重要分支，它是为应对20世纪出现的摩天大楼、原子弹和载人航天等前所未有的复杂工程建设需要而形成的大量管理流程和管理工具。在20世纪70年代后期进一步形成了项目管理专业，为各领域培养专业性的创新人才发挥了巨大作用。“项目管理流程”采用项目管理的基本框架，大体分为立目标、计划、实施、风险管理、完成5个阶段。在此基础上，本书提出的项目管理流程化学习，是笔者在教学实践工作中，在苏州“十三五”规划重点课题的支持下，结合教育教学特点，通过层层递进的7个固定环节训练7方面的技能：①用立目标环节培养洞察他人需求、寻找和建立互利共赢目标的能力；②用自学环节培养自主学习能力；③用设计环节培养设计规划能力；④用风险识别与应对环节培养风险管理能力；⑤用实施环节培养动手能力和创造能力；⑥用调整环节培养针对问题持续调整和改进，并最终解决问题的能力；⑦用展示环节培养来自直接实践经验的知识生产能力及表达力。相较于源自美国的“项目化学习（Project Based Learning, PBL）”，“项目管理流程化学习”的固定流程更易于掌握，是值得推广和进一步研究的教学模式。

项目管理流程化学习设计和应用的研究，主要以团队教师的一线教学体验和对中国教育的切身观察为主，教学中也强调引导学生实事求是、独立自主地开展调查研究。我们在实践中运用第一性原理、摸着石头过河等创新工作原则，不断推动探索研究，避免本本主义与照抄照搬的思维惯性，不争论赶紧做，持续迭代，促进创新型人才的培养，为中国的教育改革奉献一份力量。

这本《项目管理流程化学习》，是在创新驱动发展的时代背景下，基于我国中小学现行教材内容和课标要求，围绕培养创新能力的教育目标，对新型教学模式的初步探索和小结。本书的编写，得到了主管部门和学校领导的关心和支持，得到了许多专家、学者的指导和帮助，也得到了许多教师朋友的支持和鼓励，在此一并表示诚挚的谢意。

邓彦兴

2022 年 7 月

目 录

概　述 …… 1
第一章　教育的历史承接和发展方向 …… 3
　第一节　从历史角度来看教育的发展规律和发展方向 …… 4
　第二节　培养创新能力的教学模式 …… 7
第二章　项目管理流程化学习——课程设计 …… 15
　第一节　项目管理流程化学习的实践部分教学设计 …… 16
　第二节　项目管理流程化学习的纵向延伸教学设计 …… 32
　第三节　项目管理流程化学习的理论部分教学设计 …… 36
第三章　项目管理流程化学习——实践课程教学案例 …… 41
　第一节　“植物种植”项目 …… 42
　第二节　“生态沙盘”项目 …… 78
第四章　项目管理流程化学习——理论课程教学案例 …… 111
　第一节　掌握创新工作的基本方法：第一性原理、摸着石头过河 …… 112
　第二节　了解创新环境的探险地图：工作类型与行业结构 …… 119
　第三节　确立创新目标的判断依据：创新价值的大小与正负 …… 130
　第四节　应对创新风险的救生工具：风险识别与应对 …… 138
　第五节　减小创新阻力的推动方式：拆分难点、解决问题、满足需求 …… 143
　第六节　培养创新工作的品格素养：直面孤独和挫折、坚忍不拔与灵活机动 …… 150
　第七节　树立创新岗位的工作作风：避免本本主义与照抄照搬、不争论赶紧做 155
第五章　项目管理流程化学习总结 …… 161
　第一节　项目管理流程化学习模式与其他教学模式的比较 …… 162
　第二节　项目管理流程化学习对不同人群的作用 …… 166
　第三节　未来教育的展望和路线图 …… 171
参考文献 …… 177
致　谢 …… 179

概　述

本书基于生产力决定生产关系的唯物主义世界观，从教育技术决定教育模式的角度，思考教育的历史承接和发展方向，用工程思维对教育改革进行设计规划和探索实践。

第一章，从历史中寻找教育的发展规律，探讨教育技术与教学模式相互促进、交错迭代的历史事实。原始社会的语言形成了口口相传的教学模式，农业社会的绘图与文字形成了看图说话和阅读写作的教学模式，工业社会的统计学形成了标准化的工厂模式。历史一再证明传递与处理信息（语言、图像、文字、统计学）的技术不断推动教学模式的革新和进步。在离我们最近的一次变革中，工业革命背景下的欧洲教育工作者将统计学作为颠覆性的教育技术，重新组织学校，形成了结构化、流程化的标准化技能培养的教育模式，迎合了工业社会大协作的发展趋势，为工业社会提供了充足的人力资源。如今信息化时代即将到来，教育技术将从统计学升级为人工智能技术，教育工作者同样需要运用颠覆性的新技术重新组织学校，形成结构化、流程化培养创新能力的教育模式，从而满足新时代对创新型人才的需求。在教学中以创新实践与创新理论共同构成的创新课程，是培养创新能力的基石。其中，创新实践的关键在于是否掌握创新流程和基于流程的创新技能，创新理论的关键在于是否掌握创新思维和创新工具。

第二章，围绕创新能力的培养，设计创建项目管理流程化学习模式，由实践与理论两部分构成，以结构化、流程化的形式对创新能力培养环节进行拆分和解析并逐一训练。其中，实践部分由立目标、自学、设计、风险识别与应对、实施、调整、展示共 7 个固定环节构成。每个环节围绕相应的教学目标进行训练。7 个环节与 7 方面的能力共同形成了围绕创新能力实践部分的培养体系。它作为一种教学方式，适用于目前中小学大部分学科的教学，可以在现行教材内容基础上强化创新能力培养。而理论部分提供了必要的创新工具和创新策略，是在实践中培养创新能力的支撑和补充。

第三章、第四章，分别介绍项目管理流程化学习实践部分与理论部分的课程案例。

第一节 从历史角度来看教育的发展规律和发展方向

科学技术水平决定了人类的教育活动模式。比如，原始社会生产力极低，由语言支撑起的生存教育围绕生存能力的培养，以满足对抗自然环境的生存需求；农业时代粮食产量增加，由绘画和文字支撑起的精英教育围绕身份与礼仪的培养，以满足急剧扩张的对社会治理的统治需求；工业时代大工业生产出现，由统计学支撑起的教育围绕标准化技能的培养，规模化的工厂模式可以满足工业生产的大协作需求。教育的发展过程印证了“生产力决定生产关系”的马克思主义基本原理，体现在教育领域就是教育的科技水平决定了教育活动的形式和水平。而今天人工智能等众多新技术的出现，势必也将催生出新的教育模式。

一、教育的发展规律

推动教育变革的关键因素由教育技术和教育目标共同决定。其中，教育技术集中于信息的传递或处理的技术范畴。比如，早期人类利用特定声音构建起语言系统，用语言传递大量信息，于是人们将其作为教育技术，以言传身教的教育形式推动人类摆脱基因的束缚，人类有了原始社会口口相传的教育模式; 随着教育技术的提升，可以跨越时空传递信息的绘画与文字出现了，人们开始用绘画和文字作为教育技术，看图说话和阅读写作的教育形式逐渐帮助人类构建起由国家主导的教育体系和考试制度，于是人类有了农业时代丰富的图示和非常复杂而系统的文字所支撑的教育模式；随着教育技术的进一步提升，可以高效、精准处理信息的统计学出现，促进了利用统计学所构建的标准化和规模化教育形式，于是人类有了工业时代通过分数进行准确评价的现代教育体系。由此可见，语言、绘画、文字、统计学这些信息的传递或处理技术，是推动教育变革的基本条件。它们并非源自教育工作者，而是其他领域发明创造的，教育工作者只是将其运用于教育，进而推动人类文明不断向前，从原始时代、农业时代走入工业时代，很快将走向信息时代。

而教育目标则体现了生产关系的需求。原始社会教育目标围绕生存能力开展，是为了满足对抗自然环境的生存需求；农业时代教育目标围绕身份与礼仪开展，是在人口不断扩张的情况下，为了满足社会治理的需求；工业时代教育目标围绕标准化技能开展，是在市场经济推动社会分工的情况下，为了满足工业生产大协作的需求。可见，在不同历史阶段，社会需要围绕不同目标开展教育。因此，选择正确的教育目标，将满足社会发展阶段对人才的需求，有利于促进社会健康发展。就拿离我们最近的工业时代来讲，18 世纪德国率先完成了标准化技能培养的教育改革，普及了义务教育，促进了德国在 19 世纪的迅速崛起，一跃成为世界强国。而且充分享受到工业时代的长期红利，即使经历了两次世界大战的失败，德国至今仍然保持着欧洲第一工业强国的地位。然而，错误的教育目标难以培养出符合时代发展需求的人才。比如，英国虽然是工业革命爆发地，但其教育系统却因长期被教会把持，直到 20 世纪初才构建起现代教育体系，相较德国创建现代教育晚了近百年。这导致社会缺乏具备标准化技能的人才，延缓了工业社会生产大协作的形成，终究难免被德国超越而走向衰落。

二、教育的发展方向

如今信息革命正在发生，教育技术和教育目标都已经发生重大变化。从教育技术角度看，以人工智能技术为代表的信息技术变革，包括万物互联（信息收集）技术、5G（信息传输）技术、大数据（信息存储）技术、云计算（信息处理）等，已经逐渐具备了对教学活动进行多维度的数据采集和分析，将有潜力在长时间、多场景的环境下对学生进行公平、高效、持续的考核的能力。这意味着过去人为因素对于素质教育考核评价的不公平、效率低的问题将因为颠覆性技术的突破而得以解决。

从教育目标角度看，过去标准化、重复性技能的岗位将很快被人工智能取代。教育正在从培养标准化技能走向培养创新能力。拥有创新能力的人非但不会被新技术所淘汰，还能利用新技术提高创新效率，满足创新型社会的需要。因此，每个人都需要进行创新能力培养，不仅在学校，还要终身提升创新能力。

因此，在教育技术和教育目标都正在或已经发生根本性转变的今天，教育变革势必发生，这是历史发展的必然。但是，为了开展良性创新，避免教唐以后，科举制以儒家思想为核心形成教育定式，进一步强化了人们对先知的迷信。因此在中国传统文化中，对于世界的解读已经由先贤完成，后来者顶多是做点补充，任何人胆敢平视或挑战先贤，都将被视为大逆不道。不仅如此，佛教作为影响中国社会的另一股文化力量，虽然承认“变化”的存在，但是它在面对变化时却用“贪、嗔、痴”“求来生”等理念引导人们被动接纳命运的安排，而非争取改变自我命运和自主创新地改造世界。于是儒、释、道联手强化了中国人对于先贤的崇拜和信仰，牢牢禁锢了中国人的创新意愿和勇气。在其后的历史中，虽然每隔几十年或几百年就会经历一次王朝更替，甚至哪怕政权被北方游牧民族颠覆并统治，如宋朝被蒙古族颠覆、明朝被满族颠覆，但只要继任者认同“儒、释、道”的价值观，新的统治者同样会缺乏创新勇气，从而沿袭古代中国的社会治理模式，因而导致中国人逐渐进入了自我陶醉的梦境，沉睡不醒。这一文化表现在古代是迷信先贤，在当代就是迷信学术权威。

有趣的是，风水轮流转，就连公认最具创新精神的美国，也提出了“历史终结论”，认为美国的制度已趋于完美，是人类政治制度的发展方向和终极形态。于是，美国社会形成了看似延续着政党轮替，实则放弃了对政治制度的创新，也进入了自我陶醉的梦境沉睡不醒。如今，美国社会矛盾持续积累、社会撕裂加剧并逐渐恶化。尤其是新冠疫情以来，长期缺乏制度创新和自我反省的美国，已经显露出政府治理无能、社会道德沦丧的衰落趋势。

可见，阻碍创新的文化因素有两种：一是迷信学术权威，二是傲慢自负。反之，要想建立起开拓创新的文化就必须拥有“平视学术权威的勇气”和“不断自我反省的谦卑姿态”。在面对培养创新能力的研究与探索时，教育工作者自身也应当同时拥有创新勇气和谦卑姿态，才能实事求是地去分析问题，寻找未来教育的答案。

二、从现代教育的创建过程总结经验

在 18 世纪以前，几乎所有人类文明都将“读书受教育”视为少数聪明

表 1-4 基于现行教材知识设计的“项目管理流程化学习”实践课程

学段	课程名称	涉及科目	课程描述 （立目标、自学、设计、风险识别与应对、实施、调整、展示）
小学	植物种植*	科学 美术 劳动 信息 语文	为满足父母吃辣的需求，确立种植辣椒的目标，先查阅资料、设计、风险识别与应对，进而实施和调整，最终收获辣椒，并将其赠予父母
	小鸡孵化		为满足外公在院子里养鸡的需求，确立孵化小鸡的目标，先查资料、设计、风险识别与应对，进而实施和调整，最终孵化出小鸡，并将其赠予外公
	鱼卵孵化		为满足学校池塘养鱼的需求，确立孵化鲤鱼的目标，先查资料、设计、风险识别与应对，进而实施和调整，最终孵化出小鲤鱼，并将其赠予学校
	生态沙盘*		为满足同学学习自然知识、教师做教具、科技博物馆做展品的需求，确立制作生态沙盘的目标，先查资料、设计、风险识别与应对，进而实施和调整，最终制作完成生态沙盘，并将其赠予学校或科技博物馆
	小船制作		为满足同学娱乐运动的需求，确立制作可载人小船的目标，先查资料、设计、风险识别与应对，进而实施和调整，最终制作完成可载人的小船，并将其赠予同学
	做显微镜		为满足教师的教学需求，确立制作显微镜，先查资料、设计、风险识别与应对，进而实施和调整，最终制作完成简易显微镜，并将其赠予教师
	小火箭*		为满足同学娱乐需求，确立制作小火箭的目标，先查阅资料、设计、风险识别与应对，进而实施和调整，最终制作完成小火箭，并将其赠予同学
	床头灯*		为满足爷爷奶奶起夜的需求，确立制作床头灯的目标，先查阅资料、设计、风险识别与应对，进而实施和调整，最终制作完成床头灯，并将其赠予爷爷奶奶
	太阳系*		为满足教师教具的需求，确立制作太阳系模型的目标，先查阅资料、设计、风险识别与应对，进而实施和调整，最终制作完成模型，并将其赠予教师。
初中	做望远镜	物理	为满足教师教学的需求，确立制作望远镜的目标，先查资料、设计、风险识别与应对，进而实施和调整，最终制作完成望远镜，并将其赠予教师
	自动种植架	生物 物理	为满足母亲在阳台和室内种植物的需求，确立制作自动浇水和补光的植物架的目标，先查资料、设计、风险识别与应对，进而实施和调整，最终制作完成可自动浇水和补光的种植架，并将其赠予母亲
高中	哲学文学话剧	语文 历史	为满足同学欣赏文艺作品的娱乐需求，确立编排话剧的目标，先查资料、设计、风险识别与应对，进而实施和调整，最终编排出有趣的话剧，演出并满足同学们的欣赏和娱乐需求
	历史情境再现	语文 历史	为满足同学学习历史知识、教师做教具、历史博物馆做展品的需求，确立制作模型再现历史情境的目标，先查资料、设计、风险识别与应对，进而实施和调整，最终制作完成教学用历史情景模型，并将其赠予学校或历史博物馆
	徽章制作	历史	为满足学校的需求，确立制作徽章的目标，先查资料、设计、风险识别与应对，进而实施和调整，最终制作完成徽章，并将其赠予学校
	净水装置*	化学	为满足学校净化池塘的需求，确立制作污水净化装置目标，先查资料、设计、风险识别与应对，进而实施和调整，最终制作完成污水净化装置，并将其赠予学校
	握力发电机	物理	为满足同学或父母手机充电的需求，确立制作握力发电机的目标，先查资料、设计、风险识别与应对，进而实施和调整，最终制作完成可为手机充电的发电机，并将其赠予同学或教师或父母

注：标注*的课程教案，均参与了“江苏省 STEM 优秀教案评选”并获奖。

五、创新理论

培养创新能力，除了创新实践，还需要创新理论。基于创新工作特点的研究，创新理论可以概括为以下几方面。

（1）掌握创新工作的基本方法：第一性原理、摸着石头过河。

（2）了解创新环境的探险地图：工作类型与行业结构。

（3）确立创新目标的判断依据：创新价值的大小与正负。

（4）应对创新风险的救生工具：风险识别与应对。

（5）减小创新阻力的推动方式：拆分难点、解决问题、满足需求。

（6）培养创新工作的品格素养：直面孤独和挫折、坚忍不拔与灵活机动。

（7）树立创新岗位的工作作风：避免本本主义与照抄照搬、不争论赶紧做。

针对以上 7 方面的创新思维分别开设理论课程进行教学，将与项目管理流程化学习实践活动一起支撑起培养创新能力的综合课程。

第二章

项目管理流程化学习——课程设计

“项目管理流程化学习”是笔者在苏州市教育科学“十三五”规划重点课题框架下提出的一种针对创新能力培养的教学模式。它参考科研和工程领域，特别是项目管理专业的创新思维、创新方式与创新流程，针对基础教育阶段的学生进行课程设计，在现行教材内容范围中选择教学内容，形成了一套结构化、流程化的教学模式。课程围绕“实践”“纵向延伸”和“理论”三个部分进行教学设计。

第一节　项目管理流程化学习的实践部分教学设计

为了寻找具有可复制性、便于推广并基于现行教材的创新型教学模式，我们经过几年的探索和积累，目前已经逐渐形成了项目管理流程化学习模式的实践活动的体系，它由立目标、自学、设计、风险识别与应对、实施、调整、展示 7 个固定环节组成，初步实现了结构化、流程化且指向创新能力培养的教学模式。

一、立目标

在创新过程中，首先需要引导学生洞察他人需求，指导学生将自身劳动（学习或工作）与他人需求相联系和对接。因为创新既有大小不同，也有正负区分。比如，新口味的饮料与新功能的手机虽然都属于创新，但它们对生产力的贡献有大小的不同；而研发新型抗癌药物与新型毒品虽然都是医药领域的创新，但对社会的贡献有正与负的区分。所以需要引入洞察社会需求的环节。“立目标”环节的设置，符合《思想政治课程标准》要求学生“对个人成长、社会进步、国家发展和人类文明做出正确的价值判断和行为选择”的要求。同时，这一环节需要制定目标和时限，以终为始地倒推规划时间节点，制订工作计划。

在教学初期，项目的目标和时间都需要在教师指导下进行，将“立目标”用学生自查清单（简称 “目标表”）发给学生（详见表 2–1），并指导学生完成表格。在经历多个项目管理流程化学习的实践与理论学习后，可逐步让学生自主设立目标。

更为重要的是，为了保证教学的顺利进行，教师需要事先完成教师用自查清单（详见表 2–2）。

二、自学

在互联网高度发达的今天，获取信息已经变得非常容易。“自学”环节围绕寻找信息、整理信息、形成知识、运用知识等能力训练，指导学生利用互联网开展自主学习。特别是在创新领域，多数情况下缺乏成熟的知识体系或有经验的教师，需要自主寻找信息、利用琐碎的信息推动创新工作的开展。这种训练与“学生跟着教师学”的传统教学模式有所区别，是教师训练学生

表 2-1 “立目标”用，学生自查清单

学生姓名：	指导教师： ______ 年 ___ 月 ___ 日
项目名称	
实施场地	
帮助谁	这个项目将帮助（谁）_____，让他/她在（干什么）______ 的时候（有/更）___ 这个项目将帮助（谁）_____，让他/她在（干什么）______ 的时候（有/更）___ 这个项目将帮助（谁）_____，让他/她在（干什么）______ 的时候（有/更）___ 这个项目将帮助（谁）_____，让他/她在（干什么）______ 的时候（有/更）___
项目描述	为帮助（谁）____________，让他/她在（干什么）___________ 的时候（有/更）_________，本人将通过自学 ________，设计 ________，识别并应对各环节风险，准备相关材料，通过劳动和调整，完成 __________________________，最终实现对（谁）_________ 的帮助。

注：1）帮助谁（举例——生态沙盘）。
将帮助（同学），让他/她在（学习科学知识）的时候（更直观）。
将帮助（教师），让他/她在（教学）的时候（有教具）。
将帮助（学校），让它在（招生）的时候（有课程案例介绍）。
将帮助（博物馆），让它在（展览）的时候（与学校课程相结合）。
2）识别他人的需求：
“此项目可以满足一人或多人、一个组织或多个组织的分别什么需求”。
这是培养满足他人需求的第一步，即识别他人需求。
让学生在学习和工作中训练和培养自己时刻关注他人需求。
3）项目描述：全面体现创新工作的过程。

自学技能，师生之间教学相长、共同探索的过程。在互联网普及和知识扁平化的背景下，教学过程的目标必然从“掌握知识”走向“培养主动获取并应用信息的能力”。

“自学”环节的设置，同时满足课程标准对科学和语文教学的要求。包括《科学课程标准》对“通过查阅资料收集信息、处理信息”的要求；《语文课程标准》对“着重培养学生的语文实践能力”“鼓励自主阅读”“激发学生的问题意识和进取精神”和“积极倡导自主、合作、探究的学习方式”的要求。指导学生在“目标表”基础上，“自学”完成自查清单（简称“自学表”，详见表 2-3）。教师应根据项目涉及知识的范畴完成相应的教师用自查清单（详见表 2-4 a、b、c、d、e），并指导学生利用互联网完成表格。

表 2-2 “立目标”用，教师自查清单

教师姓名：	教学单位： ______ 年 ___ 月 ___ 日
项目名称	
实施场地	
识别他人需求	（谁）______ 的 ______ 需求 （谁）______ 的 ______ 需求 （谁）______ 的 ______ 需求 （谁）______ 的 ______ 需求 （谁）______ 的 ______ 需求
预计时间	____ 工作时；_____ 课时；起止日期（起）_____（止）_____
帮助者	______、______、______、______、______
项目描述	为满足（谁 / 哪方面）______ 的需要，学生自学 ______，设计 ______，识别并应对各环节风险，准备相关材料，通过劳动和调整，完成 ______，最终满足 ______ 的需求

注：1）现代市场经济提倡多劳多得，通过为他人提供产品或服务换取报酬，从而极大地提高了劳动积极性和生产力水平。教师需要理解，在大协作的工业社会中，人们都是通过满足他人需求来实现个人价值的。需要在教学中训练和培养通过关注他人需求来实现个人价值。这不仅是现代市场经济的特点，也是社会主义核心价值观的体现。社会主义用合作共赢的方式把他人与个人价值融为一体，这是创造价值思想的体现，它符合合作共赢的创新社会对社会协作的需求，需要在教学中贯彻执行。

2）所需时间：预估需要多少小时工作量。以截止日期为基准倒推工作进度。

3）项目描述：为满足谁的什么需要，教师自学什么知识、设计什么产品、识别和管理相关风险，准备相关材料，通过劳动和调整，最终完成什么项目，满足谁的什么需求。

表 2-3 “自学”用，学生自查清单

学生姓名：	指导教师： ______ 年 ___ 月 ___ 日
现有产品 1	功能 ______、原材料 ______ 价格 ______、特点 ______
现有产品 2	功能 ______、原材料 ______ 价格 ______、特点 ______
比较现有产品的优点与缺点	

注：1）现有产品信息：类似的产品的功能、原材料、价格、使用特点、与其他产品相比的优势与劣势。

2）优点与缺点：需要针对相关产品进行比较，优点与缺点都是比较出来的。

表 2-4（a） “自学”用，教师自查清单（市场知识）

教师姓名：	教学单位： ______年___月___日
（现有） 产品 / 服务 1	功能 ____________、原材料 ____________ 价格 ____________、特点 ____________
（现有） 产品 / 服务 2	功能 ____________、原材料 ____________ 价格 ____________、特点 ____________
（现有） 产品 / 服务 3	功能 ____________、原材料 ____________ 价格 ____________、特点 ____________
比较产品 / 服务优点与缺点	1 的优点：____________ 1 的缺点：____________ 2 的优点：____________ 2 的缺点：____________ 3 的优点：____________ 3 的缺点：____________

注：产品与服务的区别。产品：生产者的劳动与客户的需求被满足可以在不同时间和空间进行。服务：生产者的劳动与客户的需求被满足需要在同一时间和空间进行。

表 2–4（b）“自学”用，教师自查清单（科技产品知识）

教师姓名：	教学单位：　　　　　　＿＿＿＿年＿＿月＿＿日
科学领域 1	
科学领域 2	
科学领域 3	
科学领域（补充）	
工程技术 1	
工程技术 2	
工程技术 3	
工程技术（补充）	
工艺 / 成本 1	
工艺 / 成本 2	
工艺 / 成本 3	
工艺 / 成本（补充）	

注： 1）科学原理：有了科学原理的支撑，技术和工艺才得以实现。比如飞机涉及的流体力学、化学、材料科学等。

2）工程技术：比如，飞机机翼有单翼、双翼、后掠翼、前掠翼、鸭翼等，动力来源有活塞式、燃气涡轮、冲压发动机等，功能有客机、运输机、战斗机等。它们都是在科学原理基础上，由工程师设计实现的飞机形式。积累相关知识可以帮助之后指导学生通过设计、制造来实现产品功能。技术与功能关系密切，学习时需要注意技术与功能的对应关系。

3）制造工艺：工艺与技术相辅相成：要想产品效果好，就需要通过先进的工艺实现技术；而工艺取得突破性进展后，又能让工程技术达到过去难以实现的突破。比如，飞机的机翼可以由铆钉、焊接、3D 打印等不同方式实现。

4）工艺与材料、工具、成本关系密切，指导学生注意其对应关系。

5）对于成熟技术，尽量用“第一性原理”视角去思考，从而探索颠覆式创新。

表 2-4（c） “自学”用，教师自查清单（服务知识）

教师姓名：	教学单位： ______年___月___日
清单	客户需求清单：
	服务内容清单：
	服务技能清单：
	成本清单：
流程	服务流程：
	基于流程的潜在风险与应对预案：
	基于流程的持续优化：
标准	行政权力：
	社会共识：

注： 1）人类社会存在大量的“清单”。比如，价值观清单、道德清单。服务清单包括客户需求、技能、成本等因素。

2）人类社会的流程包括生产流程、活动仪式流程、手续办理流程等。服务流程应注意潜在的风险和对流程的持续优化。

3）狭义的“标准”需要由政府制定，广义的“标准”需要由社会对任意特点清单或流程达成共识。换句话说，政府可以通过行政权力发布“标准”，比如，政策或法律；社会也可以通过共识达成“标准”，比如，道德标准。

表 2-4（d） “自学”，教师自查清单（产业知识）

教师姓名：	教学单位： ______ 年 ___ 月 ___ 日
上游企业 1 与产品	公司名称：______ 核心产品：______
上游企业 2 与产品	公司名称：______ 核心产品：______
上游企业 3 与产品	公司名称：______ 核心产品：______
下游企业 1 与产品	公司名称：______ 核心产品：______
下游企业 2 与产品	公司名称：______ 核心产品：______
下游企业 3 与产品	公司名称：______ 核心产品：______

注：1）产业层面——上游：生产这样的产品需要购买哪些零件或服务，提供这些零件或服务的企业又需要购买哪些零件或服务，了解这些企业的资金、成本、利润构成，形成对上游企业、产品链和利润链的认知。

2）产业层面——下游：制造出产品时卖给了谁，他们将其用于什么产品或服务上，了解他们的资金、成本、利润构成，形成对下游企业、产品链和利润链的认知。注意，创新的价值在于提高生产力，学习上下游企业、产品链、利润链的情况将帮助勾勒社会需求与技术瓶颈，将有利于分析创新工作的价值与风险。

表 2-4（e）“自学”用，教师自查清单（趋势知识）

教师姓名：	教学单位：　　　　______ 年 ___ 月 ___ 日
新科技 1	描述新科技：______
	有潜力用于 ______（技术或工艺或产业）领域， 替换 ______（产品 / 服务）
新科技 2	描述新科技：______
	有潜力用于 ______（技术或工艺或产业）领域， 替换 ______（产品 / 服务）
新科技 3	描述新科技：______
	有潜力用于 ______（技术或工艺或产业）领域， 替换 ______（产品 / 服务）
新政策 1	描述新政策：______
	与旧政策的区别：______ 新政策针对的问题和根本目标：______ 新政策的潜在成本和风险：______
新政策 2	描述新政策：______
	与旧政策的区别：______ 新政策针对的问题和根本目标：______ 新政策的潜在成本和风险：______

注：1）新科技、新工艺：将推动产品或服务发生变革。关注并利用好新科技与新工艺，去改良原有产品或设计出新品类，将有利于创新工作的开展。

2）新政策：将影响上下游企业、产品链、利润链。关注并利用好新政策，基于上下游企业、产品链、利润链的调整，在创新时顺势而为，将有利于创新工作的实现。

三、设计

在工业时代，大部分人通过标准化的训练，进入重复性很强的工作岗位，强调记忆力，所以说“知识就是力量”。但随着知识大爆炸、互联网的兴起和人工智能技术的逐步成熟，大量重复性工作将会被机器取代。社会发展将从规模驱动走向创新驱动。这一阶段将强调对于想象力的运用，“设计就是力量”将成为社会主流。这一社会变革也将体现在教育教学中。所以有必要设置“设计”环节。

“设计”环节同时满足课程标准对科学和美术教学的要求。包括《科学课程标准》对“能基于所学知识，设计比较完整的探究计划”的要求；《美术课程标准》对“进行符合使用功能与审美要求的创意构想，并绘制草图、模型等予以呈现”的要求。指导学生在“自学表”基础上，完成设计自查清单（简称 “设计表”，详见表 2–5），教师应根据项目涉及知识的范畴完成相应的教师自查清单（表 2–6 a、b）。

表 2–5 “设计”用，学生自查清单

学生姓名：	指导教师：　　　　　　　______年___月___日
给谁用	他 / 她的年龄：________ 他 / 她的性别：________ 他 / 她的其他需求：________
类似产品	市场中类似产的品有：__________、__________、__________
设计目标	功能：__________ 材料：__________ 成本：__________
模仿目标	模仿（类似产品）__________的原理、用哪些材料________、________、________、________、________、________、________进行制作
产品设计（图）	
制作流程	

注：1）给谁用：描述用户性别、年龄、消费习惯、特定需求等信息。
2）类似产品：与市场中的类似产品进行比较。
3）设计目标：产品的功能、材料工具、价格成本等。
4）模仿目标：模仿一种类似产品的原理、采用哪些材料进行制作。
5）产品设计（图）：正面图、侧面图、俯视图、剖面图等。
6）流程设计：有了制作材料和产品图，写一份产品组装说明书，写清先后顺序和用到的材料。

表 2-6(a) “设计”用，教师自查清单(产品设计)

教师姓名：	教学单位： ______年___月___日
用户定位	描绘用户：______
横向定位	类似产品有：______、______、______
纵向定位	发展历史中的产品演变：______
设计目标	功能：______ 材料：______ 成本：______
科技 / 工艺	基于______原理，学生采用______ ______技术，使用______工艺
需求 / 价值	满足（个人 / 产业）______方面的需求
产品设计（图）	
流程设计	需要物料 / 工具：______ ______ ______ 描述制作流程：______ ______ ______

注： 1）产品设计：产品的生产与使用可以分开，例如，台灯、桌子等在工厂生产，在家庭使用。所以产品既需要对其本身进行设计，也需要对生产流程进行设计。

2）产品定位——用户：描述用户性别、年龄、消费习惯、特定需求等信息。

3）产品定位——横向：与其他产品相比的优势与劣势。

4）产品定位——纵向：最早的设计与逐渐优化的设计。

5）产品定位——设计目标：产品的功能、材料工具、价格成本等。

6）产品定位——科技与工艺：基于什么科学原理、采用什么工程技术、可使用的制造工艺。

7）产品定位——需求与价值：满足的成本、进度、功能、体验等方面的需求，提高了生产力。

8）设计图：包括正面图、侧面图、俯视图、剖面图等。

9）制造流程设计：制造过程中，产品结构、零件和所需工具在组装或使用时的先后顺序和注意事项。类似常见的产品说明书。

表 2-6（b）　“设计”用，教师自查清单（产品设计）

教师姓名：	教学单位： ______ 年 ___ 月 ___ 日
用户定位	描绘用户：________________
横向定位	类似服务有：________、________、________
纵向定位	发展历史中的服务演变：________________
设计目标	服务内容：________ 掌握技术：________ 工具场地：________ 价格成本：________
科技 / 工艺	基于 ________、________、________ 原理，学生采用 ________、 ____ ____、____ ____ 技术，使用 ____ ____、____ ____、 ________ 工艺
需求 / 价值	满足（个人 / 产业）________________ 方面的需求
服务设计	描述服务流程：________________ ________________ ________________ ________________

注：1）服务设计：服务的生产与使用不能分开，比如，教师、服务员、救生员的教学服务、用餐服务、急救服务的生产与使用必然同时进行。所以服务在流程中产生。

2）服务定位——用户：描述用户性别、年龄、消费习惯、特定需求等信息。

3）服务定位——横向：服务特点、与其他服务的优势与劣势。

4）服务定位——纵向：最早的服务与逐渐优化的服务。

5）服务定位——设计目标：服务的内容、需要的技术、工具场地、价格成本等。

6）服务定位——需求与价值：满足了成本、进度、功能、体验等方面的需求，提高了生产力。

7）服务流程：设计服务的内容、使用工具和先后顺序。类似专业岗位的培训手册。

四、风险识别与应对

所有创新工作都存在一定风险，包括安全、时间、技术、成本、政策等多方面。所以，项目管理流程化学习专门设置了“风险识别与应对”环节，以培养学生识别与应对风险的能力，让学生尽快适应创新类的岗位，为未来推动社会对创新发展达成共识，促进建立创新型社会奠定基础。

尽管目前中小学各学科的课标中几乎没有对“风险识别与应对”的要求，这是因为传统教育目标培养标准化技能而非创新能力，但一旦未来教育转向围绕培养创新能力开展，就不能忽视对风险识别与应对的培养。它将是未来创新型社会发展的关键部分。指导学生在“设计表”基础上，完成风险识别与应对自查清单（简称 “风险表”）（详见表 2–7），教师用风险自查清单与学生用相同。

表 2–7 “风险识别与应对”用，师生共用自查清单

姓名：	所在学校： ______年___月___日
流程	制作流程：______________________
提炼环节	1______、2______、3______、4______、5______……______、______
环节 1	潜在风险：
	应对或预案：
环节 2	潜在风险：
	应对或预案：
环节 3	潜在风险：
	应对或预案：
环节 4	潜在风险：
	应对或预案：
环节 5	潜在风险：
	应对或预案：
环节……	潜在风险：
	应对或预案：

注：1）风险识别：基于上一个表格中的制作流程，逐一分析其中各环节的潜在风险，包括安全风险、延时风险、技术（不能达到要求的）风险、成本（超出预算的）风险、政策（逆势而为的）风险……将其罗列出来。

2）风险应对：基于制作流程，罗列出各环节存在的潜在风险，思考并筛选我们可以预防的办法。比如，用美工刀有划伤手指的风险，是否可以用剪刀代替以降低风险。于是添置剪刀，将美工刀从工具中移除。在考虑风险应对时需要对安全、时间、技术、成本进行逐一分析。

3)预案：基于流程，在技术、成本、健康、政策等方面如果风险出现，思考并筛选出应对方法或预案。比如，有人划伤了手指，是否提前准备了急救包，是否提前查找了最近的医院并明确了就医路线。

另外，对于准备物资或组建团队，创新工作都需要进行相关准备，但这一步骤的时间和必要性都存在不确定性。其中，准备物资可能贯穿始终；不少领域的创新工作可以独自开展，组建团队并非必需。所以，在教学实践中，相关准备工作可以由教师在实施环节之前完成，并指导学生在立目标环节完成团队组建。故在此不专门设置“准备”环节。

五、实施

“实施”环节是针对他人需求展开的创造性劳动，理论与实践相结合、学习与生产相结合，是创新的关键。“实施”环节的设置，不仅满足了新教改对“重能力”的要求,还满足了多个学科的课程标准对实践活动的要求。如《品德与生活课程标准》对“动手动脑、有创意地生活”“制作玩具、礼物、道具、模型”的要求，也符合语文、美术、科学、物理、化学、生物等多学科课标中对“学以致用”的要求。

另外，实施过程需要逐一对照“设计表”和“风险表”进行操作，并且对于风险需从“风险识别”转入“过程管理”，即每个操作环节和步骤都需要尽可能地对风险进行识别、预案和应对。

六、调整

大量科技发明和技术突破虽然都存在灵光一现的奇迹时刻，但不可否认的是这些灵光一现的时刻几乎都是在长期钻研、不断调整的过程中产生的。所以，必须强调持续调整是创新工作取得成功的关键，也是迸发创新灵感最集中的环节。在项目管理流程化学习的流程中，它是所占课时较长的重点环节。于是“调整”环节需要重复开展此前的工作，对立目标、自学、设计、风险识别与应对、实施等部分进行复盘，相对比较枯燥，成为培养学生意志力、耐受力和坚忍不拔品格的核心环节。它对于一个人的稳定发展、持续创新、坚持纠错三方面同时起到积极作用，也是过上幸福生活的必备素养。特别要强调的是，从创新的角度看，世界上不存在什么失败。过去对失败的认知，只不过是调整能力需要加强的阶段性表现。

当调整基本完成时，作为“调整”环节的最后一步，必须将制作的产品送给事先设定的目标对象，从而通过满足他人需求，在实践活动中让学生感受到成就感和价值感。这一过程体现了合作共赢、利人利己的价值观。这里的“利人”体现在产品满足他人需求并赠予对方，训练学生将身外之物贡献给社会；“利己”体现在自学新知识、训练新技能、体现个人价值，训练学生提升生产（创新）能力。这是符合社会主义核心价值观的实践活动。希望它可以削弱目前教育活动中出现的个人主义、功利主义的负面影响。

“调整”环节的设置，满足《科学课程标准》对“从事物的结构、功能、变化及相互关系等角度提出问题”“对探究活动进行过程性反思，及时调整”的要求。调整不局限于针对“实施”环节的调整，而是对已经经历的立目标、自学、设计、风险识别与应对和实施环节的复盘。复盘的依据包括之前所用到的所有表格。调整环节是创新工作关键中的关键。指导学生在“设计表”“风险表”的基础上，根据实际操作中出现的问题，完成调整自查清单（简称“调整表”，详见表 2–8），教师调整自查清单同。

表 2–8 “调整”用，师生共用自查清单

姓名：	所在学校：	______年___月___日
复盘目标	为帮助（谁）________，让他 / 她在（干什么）__________ 的时候更 __________，自学 __________，设计 __________，识别并应对各环节风险，准备相关材料，通过劳动和调整，完成 ____________________，最终实现对（谁）__________ 的帮助。 需要调整的地方：________________________________	
补充自学	自学补充之处：________________________________ ________________________________ ________________________________	
补充设计	设计的调整补充：________________________________	
补充设计（图）	图 1：	图 2：
补充设计（流程）	补充流程：________________________________ ________________________________	
风险识别	潜在风险与应对 ________________________________ ________________________________	

注：1）复盘目标：对立目标阶段的内容进行描述（基于“立目标清单”）。
2）过程性反思：立足于各环节表格和记录，对自学、设计、风险、实施、调整进行整理和总结。

七、展示

“展示”环节是项目管理流程化学习的最后一个环节，需要通过演讲、绘画、文字、视频等多种形式开展。这一环节引导学生将学习过程进行梳理和总结，从而基于自身的探索与实践形成活的知识。这是培养学生实事求是、平视学术权威、以谦卑的姿态成为创新知识的生产者的关键步骤。

“展示”环节的设置，同时满足课程标准对科学、美术和语文教学的要求，包括《科学课程标准》对“基于所学知识，采用不同的表述方式。如科学小论文、调查报告等方式，呈现探究的过程与结论”的要求。符合《美术课程标准》对“结合其他学科知识，自觉运用美术表现能力，解决学习、生活和工作中问题”的能力；符合《语文课程标准》对“写作能力、口语表达能力”的要求。指导学生在“设计表”“风险表”、实施和“调整表”的基础上，完成展示自查清单（简称“展示表”，详见表 2–9），教师展示清单同。

以上项目管理流程化学习实践活动的 7 个固定流程，源自探险、科研和项目管理的流程，特别借鉴了项目管理的创新工具与流程，不仅能提升学校教学水平，也能够帮助自主学习和家庭教育对创新能力的培养。未来，“主动学习”除了主动看书或报班，也可以通过项目管理流程化学习的方式开展主动学习和创新。它引导学习者以他人需求为目标，通过查阅资料、设计规划、风险管理、动手制作产品并持续调整的方式进行自我规划和创新，从而在缺乏专家或教师的创新领域，帮助学习者发挥主观能动性，有效开展并实现创新探索。因此，上面各环节的自查清单表格可以看作是培养创新能力的重要抓手和考核依据。

项目管理流程化学习的英文表述为“Project Management Process Based Learning (PMPBL)”。它的命名方式参考了源自美国的项目化学习“Project–Based Learning（PBL）”，教育理念也相近。但针对其不定教学流程、超出教材的课外内容的不足进行了规范性调整，不仅流程固定，易于师生掌握和推广，便于考核评价，而且结合教材知识的深入学习，让学生回归教材，从另一个侧面开展教材内容的学习。在专注于创新能力培养和同时培养多元能力，塑造人的品质，符合未来创新型社会对教育目标的需求。

项目管理流程化学习由 7 个固定环节形成教学流程，满足新教改“重过程、重能力”的要求，易于在日常教学中开展和推广。项目管理流程化学习作为一种新型教学模式可用于多学科、多学段的教学，具有可复制性，已经在一定程度上获得了业内认可。作为一种新的教学模式，它将在实践中得到进一步发展。

表 2-9 “展示”用，师生共用自查清单

姓名：	所在学校： ______年____月____日
项目概况	本项目（名称）____________从________开始，到__________结束。
自学总结	自学总结：____________________ ____________________
设计总结	早期方案：____________________ ____________________ 修改部分：____________________
流程总结	制作流程：____________________ ____________________
风险管理	识别 / 应对：____________________ ____________________
目标总结	为帮助（谁）______，让他 / 她在（干什么）______的时候更________，自学______，设计______，识别并应对各环节风险，准备相关材料，通过劳动和调整，完成______________，最终实现对（谁）________的帮助
知识提炼	____________________ ____________________ ____________________

注：1）实施过程：对自学、设计、风险识别与应对或预案、实施、调整阶段进行整理和总结。

2）目标总结：是否实现了帮助他人的目标。

3）知识提炼：基于自身对项目的整理和总结，形成理论与实践相结合的创新知识。从知识的学习者、实践者晋升为知识的生产者。

第二节 项目管理流程化学习的纵向延伸教学设计

项目管理流程化学习的实践活动不仅适用范围广，在学校教育、家庭教育和终身学习中都可运用，还具有由浅入深、由学校走向社会的纵向延伸的特点，能够培养学生由自我到亲友、由亲友到社会，最终实现将个人创新与大时代的国家需求相结合的创新思维。以下将通过植物种植、校园导游、垃圾处理三个在学习和实践中创新的案例进行说明。

一、从“辣椒种植”项目到“自动浇水补光种植架”项目案例

一位小学生发现，来自四川的邻居阿姨爱吃辣椒，同时教材要求学习植物知识，于是开始通过互联网自学辣椒种植知识，规划种植流程。识别潜在病虫害和相关种植风险，准备工具和材料，通过播种、移栽、浇水、施肥等劳动，在辣椒光照不好影响发育或出现病虫害后再次种植、积极调整，最终将种植成功的辣椒送给邻居阿姨，满足其吃辣椒的需求。通过完成此项目，这位学生既自学了辣椒种植知识，又锻炼了查阅资料、设计规划、动手实践、持续调整的能力。

在成功完成“辣椒种植”项目的基础上，这位学生开始对植物种植有了兴趣，在进入初中以后发现许多香草类植物不仅可以做调料、有滋补的功效，而且可以驱除蚊虫，可以作为礼品送给长辈，于是叫上一起自学的多位同学设立了为满足长辈滋补菜肴需求的“‘香草与中药’种植项目”。随后他们利用假期和周末，通过互联网自学香草种植知识，规划种植流程，识别潜在病虫害和其他种植风险，准备工具和材料，通过播种、移栽、浇水、施肥等劳动，在香草发育不健康或出现病虫害后再次种植、积极调整，最终不仅成功种出多种香草并送给长辈，甚至进一步将香草做成滋补菜肴与家人分享。通过自主学习完成项目，不仅满足了许多同学的长辈对香草、滋补菜肴的需求，还自学拓展了香草与相关中药的知识和种植技能，提升了查阅资料、设计规划、动手实践、持续调整、团队合作的能力，最终提升能力并实现自我价值。

这位同学后来成了媒体专业的一名高校学生。在长期种植植物的过程中，

他发现不仅是自己喜欢种植植物，自己住的小区里还有许多长辈也爱好种植植物。但他们大多只能种植观赏植物或小葱小蒜这类普通植物。他希望结合自身的传媒专业知识，满足更多居民种植高价值植物的需求，于是设立了“阳台种植”自媒体项目作为新的目标。随后这位同学与自己的大学同学一起，开始通过互联网建立微信公众号并运营，规划公众号的受众和服务内容，识别潜在成本和时间的风险，准备相关材料，通过写文章、拍照片、录视频等工作，在遇到种植困难或公众号出现技术难题时查阅资料并请教相关从业者逐一解决问题，积极调整，最终公众号成功运营且大受欢迎，满足了城市居民种植各类植物的需求。通过项目的完成，他们既自学了自媒体的运营、管理知识，又进一步提升了查阅资料、设计规划、动手实践、持续调整的能力。在大学毕业之前，这位学生已经可以通过自媒体获取可观的收入了。

另一位在小学期间与他一起开展“辣椒种植”项目的同学，在大学期间就读了电气自动化专业。这位同学结合自身专业和母亲爱植物的需求，设立了“自动浇水补光种植架”项目。随后他与自己的大学同学一起，开始通过互联网查阅植物种植、电路连接、相关电器使用方法等知识，参考市场中已经出现的产品进行设计，识别潜在成本和电器的风险，购买相关材料，通过切割剪裁、拼装测试等劳动，在若干次调整之后，最终将制作的“自动植物浇水补光种植架”送给母亲。这一项目既满足了母亲在阳台上种植植物的需求，又提高了自身领导力，自学了电路连接、电器使用的相关知识。在随后的一段时间，他们将“自动浇水补光种植架”申报了专利，为之后顺利找到合适的工作打下了基础。在工作以后，他还在此专利的基础上，为新公司研发出了“室内种植架”等一系列产品，在为公司和客户创造价值的同时，自己也获得了巨大收益。

从以上案例可以看出，对于学生来说，项目管理流程化学习可以在没有教师的情况下利用课余时间开展学习并实现创新。项目目标可以从教材相关内容开启，随着项目的深入逐步拓展为基于自身特点和社会需求的新目标，从而将自身学习与社会需求相连接，服务他人，提升能力，最终在学习和创新中实现自身价值。

二、从“校园小导游”项目到“城市导游社”项目案例

一位高中生发现学校每天都在推出微信公众号的文章，说明学校有很强的宣传需求。于是结合自身将来想做导游的愿望，设立了“校园小导游”项目，开始利用课外时间自学导游相关技能，了解学校宣传目标，设计校园参观路线图，识别成本、时间、安全和舆论的潜在风险，编写参观讲解稿，反复预演并调整，在学校开放日时引导一部分来访家长参观学校。通过项目的完成，他既自学了导游知识，又更加深入地了解了学校，还训练了自学、设计、实践、调整、表达等能力。

在有了“校园小导游”的经历之后，这名学生发现一个人接待的家长数量十分有限,完全可以组织更多同学,将“校园小导游”扩大为一个志愿者社团。于是设立了新的项目“校园导游社”，将原本自己个人开展的活动扩展为十多位同学组成的志愿者组织，自学管理和培训的相关技能，尝试以领导者的角色组织同学开展活动，反复调整，最终形成一支受人欢迎、对学校宣传工作有贡献的小团队。这一过程既满足了学校的宣传需求，又锻炼了自身组织能力和领导能力。

在有了“校园导游社”的经历之后，这位同学感受到自己不仅可以为学校的宣传创造价值、贡献力量，还有潜力为自己所在的城市进行宣传。于是设立了“城市导游社”项目，基于所在城市的宣传需要，开始组织团队学习导游技能和视频编辑的相关知识，了解所在城市的宣传需求和宣传潜力，设计宣传切入点和拍摄方式，识别成本、时间、安全和舆论的潜在风险，在不断拍摄视频的实践中调整和完善，整合改进团队的不足。这一过程不仅满足了所在城市的宣传需求，更能自学城市文化、旅游、视频拍摄、锻炼领导力、组织力等多方面的知识与技能。在分别为学校、城市进行宣传后，这位学生不断自我成长，为国际比赛（如北京奥运会）、大型会议（如欧佩克会议）做宣传。这样，通过服务他人，提升能力，实现自身价值的经历，促进这位学生成为一名有能力、有理想，将自身发展与国家和时代需求紧密相连的优秀青年。

三、从“有机肥料发酵箱制作”项目到“无臭去盐有机肥料发酵箱”项目案例

一位初中化学教师发现校园中的植物需要施肥，同时学校食堂有许多厨余垃圾需要处理，而且学生原本就有学习化学知识并学以致用的需求。于是开设了“有机肥料发酵箱制作”项目。这位教师带领学生在课外活动时间通过互联网查阅厨余垃圾生产有机肥料的资料，设计大水箱和规划场地，计算成本并识别安全风险，准备相关材料，动手制作。在出现问题后重新设计、再次制作，最终将“有机肥料发酵箱”制作出来并用于绿化施肥。通过项目的完成，这位教师与学生一起学习了有机肥料的生产知识，提高了自身课程设计的能力，同时对教师自己和学生的查阅资料、设计规划、动手实践、持续调整能力进行了训练。

在成功完成“有机肥料发酵箱制作”项目之后，参与项目的其中一位同学对这个项目产生了浓厚兴趣。这位学生认为还可以进一步改进有机肥料发酵箱，并有潜力满足更多人的需求。于是，教师和学生一起，设立了新的目标“无臭去盐有机肥料发酵箱”项目。他们利用课余时间，通过网络查阅有机肥料生产过程中的除臭、去盐技术，重新设计箱体并识别风险，准备相关材料，依据设计制作，并在出现问题后重新设计并再次制作。遗憾的是，他们制作的“无臭去盐有机肥料发酵箱”项目始终无法实现当初的目标，在经历了一年的探索后暂时停止了研发工作。但这并没有影响这对师生的热情。在教师的帮助下，这名学生将研发的过程和所学到的知识与经验整理成论文，向省里组织的科技比赛投稿。依靠扎实的研究和实践，他们的论文获得了论文评委会成员的认可。专家们认为他们的项目虽然没有完全实现对厨余垃圾无臭化处理的最初目标，但是仍然具有学术价值和一定的应用价值，所以向他们颁发了科技探索奖。

从“有机肥料发酵箱制作”项目到“无臭去盐有机肥料发酵箱”项目可以看出，对于教师来说，“项目管理流程化学习”可以用学科知识，满足培养创新能力的教学要求，促进师生共同成长。在“有机肥料发酵箱制作”项目中，对校园绿化提供了化肥，对食堂减少了厨余垃圾处理数量，通过课外活动课堂向学生提供了自主、合作、探究的学习平台；在“无臭去盐有机肥料发酵箱”

项目中，为学生的深入学习提供了研究平台，提升了学生的科研能力并助力学生撰写论文获得奖项。

从以上 3 个案例可以看出，项目管理流程化学习从开始的简单项目逐步发展为复杂项目，从开始满足身边亲朋好友的需求逐步发展为满足社会的需求，从开始的课标知识拓展至课外知识，只要肯动脑筋，可以在学习和创新中，从许多方面服务他人，提升能力，实现自身价值。在培养创新意识和创新能力的过程中，为学生的校内学习与校外工作搭建了桥梁，引导学生从个人小目标、亲友小需求，逐渐提升为满足社会、国家乃至时代的大需求。这种将自身工作与社会需求相联系的训练，将有利于培养青少年下一代在实践中树立起利人利己、合作共赢，与国家与时代同呼吸共命运的正确观念。

第三节 项目管理流程化学习的理论部分教学设计

为了有效开展创新思维训练和创新原则学习，为顺利推进项目管理流程化学习的实践活动的教学，促进学生的主动学习，有必要在实践中探究、梳理、总结围绕创新的理论课程。

（1）掌握创新工作的基本方法：第一性原理、摸着石头过河。

（2）了解创新环境的探险地图：工作类型与行业结构。

（3）确立创新目标的判断依据：创新价值的大小与正负。

（4）应对创新风险的救生工具：风险识别与应对。

（5）减小创新阻力的推进方式：拆分难点、解决问题、满足需求。

（6）培养创新工作的品格素养：直面孤独和挫折、坚忍不拔与灵活机动。

（7）树立创新岗位的工作作风：避免本本主义与照抄照搬、不争论赶紧做。

一、掌握创新工作的基本方法：第一性原理、摸着石头过河

“第一性原理”指的是将物质的基本构成和相互作用从物理角度去观察和分析。这一观点认为化学、天文学、生物学、地质学、工程学等众多学科，追根溯源都与物理学相关。将“第一性原理”应用于创新领域，往往获得的是从零到一的颠覆式创新。作为创新工作的基本方法，它将帮助学生培养其

洞察事物本质的观察力，再由物质最基本的构成和相互作用的物理学角度思考寻找解决问题的方法，进而规划创新工作路径的思维能力。

“摸着石头过河”可以提炼为“稳定、创新、纠错”。它是事物发展的基本方式之一。比如，承载生命的基因，它所表现出的“稳定复制、随机突变、自然选择”，人类社会的发展同样符合“稳定、创新、纠错”的发展过程。所以，它不仅是创新工作的基本方法，也贯穿于生命演化历程和人类文明发展历史。理解并合理运用这一原则，将有利于提高创新能力。

二、了解创新环境的探险地图：工作类型与行业结构

“工作类型”指的是不同工作的特性，包括工作时长、收入情况、发展空间、对社会运转的主要价值、所需要的关键技能和与其配合的其他工作等。了解这部分内容将帮助学生了解各类工作岗位的工作状态和所需技能。结合对自我天赋秉性，将有利于学生做好人生规划，从而在未来将工作与自身兴趣爱好、个人特长相结合开展创新工作，享受工作、热爱工作。

“行业结构”指的是各行业门类及总体运转机制，上下游相关产业的资金链、技术链、人力链和产品链，新科技对旧行业的影响和新科技将触发的新行业。了解这部分内容将帮助学生形成对各个行业的总体认识，分析和把握社会的创新需求、降低盲目创新的风险，为选定创新目标提供支撑。

三、确立创新目标的判断依据：创新价值的大小与正负

在前面介绍项目管理流程化学习的立目标环节时已经提到过，创新成功对社会产生的作用有大有小，也有正与负的区别。比如，创新一款饮料小于创新一款新功能的手机对社会生产力的贡献；而创新一款新型毒品对社会非但没有贡献，还有巨大危害。特别是在知识扁平化的今天，信息获取和交换便捷，物流便利，3D 打印等一系列新技术的推广，让个人运用新技术可以促进社会发展，但同时对社会造成危害的隐患变得越发巨大。在这样的背景下，培养创新能力必须配合正确的价值观。而价值观是在实践活动中产生的，即马克思主义哲学原理中提到的“实践活动是价值观形成的现实依据”。而目前广泛实行的“现代教育”以个人学习效果和个人考核成绩为实践活动，必然形成个人主义价值观，这将不利于创新型社会的构建。学习“创新价值的

大小与正负”理论内容，结合项目管理流程化学习的实践活动，不仅可以引导创新的目标对社会具有正面价值，而且通过比较和选择，可以将有较大价值的创新目标，作为长期的工作目标进行学习、实践和持续优化。

所以，需要让学生洞察社会需求、判断创新价值，通过学习和实践满足社会需求，培养合作共赢的价值观。这也体现了社会主义教育的性质，是合作共赢思想在教育中的具体实践，有利于弱化和消除个人主义、功利主义在教育领域的负面影响。从观念上引导人们避免由于个人欲望的膨胀而对社会产生危害，同时鼓舞社会大众的创新热情。

四、应对创新风险的救生工具：风险识别与应对

创新工作存在诸多风险，包括时间（进度）风险、安全风险、成本风险、团队风险、技术风险等。一旦风险失控，往往会造成超时、财产损失或受伤、超预算、团队解散、关键技术制约而阻碍创新工作推进等一系列的问题。

对于暂时没有接触项目管理这门学科的人来说，通常会直观地认为风险是随机发生的，难以预测。而项目管理这门学科的重大作用和意义之一就是形成了一套成熟的识别风险、应对风险的思维和工具，从而降低风险发生的概率和可能的危害，将一般人认为随机发生、难以预测的风险进行识别和管理。

除了在本书实践部分专门设置“风险识别与应对”环节，还有相关理论知识与工具需要学习和运用。这将帮助学生更加全面深入地理解风险的特点，从而在实践中提高风险管理的能力。当他们步入社会、走向创新类的工作岗位时，将有能力保护自身和团队安全，保持创新的稳定性和持续性。

五、减小创新阻力的推动方式：拆分难点、解决问题、满足需求

“拆分难点、解决问题、满足需求”是面对复杂、艰巨的创新目标时，可以参考的一种工作策略。它将漫长且艰巨的创新目标，拆分为若干个较容易达成的阶段性小目标。在逐个实现的过程中，将若干细小的技术突破分别转化为不同产品，用于满足市场需求、获取利润，然后通过产品迭代提升技术成熟度，从而一边用新技术生产产品盈利，一边逐步实现更加远大的创新目标。本质上这是一种降低创新风险和成本的策略。

六、培养创新工作的品格素养：直面孤独和挫折、坚忍不拔与灵活机动

自主学习和创新工作必然伴随着孤独和挫折。学习了解“直面孤独和挫折”，是指在面对创新工作时，必须拥有迎难而上的勇气和坚忍不拔的意志力。这是任何创新工作得以最终完成所必须持有的工作态度。

而“坚忍不拔与灵活机动”分别是指创新工作所需要的“稳定”与“创新、纠错”两方面。对于创新的目标，需要以坚忍不拔的意志品质和恒心去攻坚克难。而对于创新的过程，则需要以灵活机动的活跃思维和天马行空的想象力作为推动，从而持续优化成果，在此过程中，坚忍不拔是能够坚持到达成目标的保障。

七、树立创新岗位的工作作风：避免本本主义与照抄照搬、不争论赶紧做

《反对本本主义》是毛泽东在1930年发表的一篇文章。他指出革命工作中需要避免盲从西方理论、照本宣科的教条思维方式。为了促进革命的发展，他要求立足于调查研究，独立自主地抓住主要问题进行分析，为中国共产党中国人民解放军建立新中国指明了方向。他提出的许多战略方针与政策指导，虽然在西方国家没有先例，却是符合我国国情的创新，最终带领中国共产党取得了革命胜利。

“反对照抄照搬”是邓小平在1977年恢复工作后，在多个场合反复表达的观点。他指出实事求是、一切从实际出发，是马克思主义和毛泽东思想的根基，只有解放思想，理论联系实际，才能顺利推动现代化建设。他主持推动了恢复高考制度、家庭联产承包责任制、开办经济特区等一系列社会经济举措的相继出台，让中国经济走上了崛起的快车道。最为重要的是，在这一过程中，他让中国有了拒绝照搬照抄的勇气，没有盲从西方理论，走出了一条“中国特色社会主义”的新路。

“不争论赶紧做”是邓小平在解决新问题时的重要理念。因为既然是新问题，就需要用行动去解决和证明。如果做得好，就用事实证明创新工作的有效性；如果做得不尽如人意，那就尽快调整。在“不争论赶紧做”的指引下，

我国才有了今天举世瞩目的巨大成就。

然而，“反对本本主义”“反对照抄照搬”“不争论赶紧做”的案例绝不仅仅适用于中国共产党对于夺取政权和社会治理领域的创新，其观念也完全适用于科技领域的创新。它向中国过去长期崇洋媚外、崇尚西方学术权威的旧文化注入了创新的基因，是中国共产党给中华文明创造的宝贵财富和创新指南。随着中国在世界舞台的角色从追赶者转向引领者的时代逐渐到来，学习了解“反对本本主义”“反对照抄照搬”“不争论赶紧做”的工作观念，将成为创新所必需的自信、勇气和思想源泉。

以上围绕培养创新能力的 7 个理论内容较为全面、科学、客观地阐释了创新思维和创新品质，为学生的创新实践提供了理论支撑。

第三章

项目管理流程化学习
——实践课程教学案例

项目管理流程化学习实践部分的项目选题主要从现行教材中选取和提炼，围绕立目标、自学、设计、风险识别与应对、实施、调整、展示7个环节开展，分别培养围绕创新的相关技能：在立目标环节建立互利共赢的目标、在自学环节训练自主学习能力、在设计环节训练设计能力、在风险识别与应对环节训练风险管理能力、在实施环节训练动手能力、在调整环节培养坚忍不拔的意志力和持续调整的能力、在展示环节训练表达能力并培养知识生产能力。以上以实践过程进行能力培养的教学模式，符合现行课标对课程改革的指导方向，通过转变教师的教学模式、教育理念来转变学生的学习方式，为学生搭建一个自主、合作、探究、交往的学习平台，以结构化、流程化的形式培养学生一系列围绕创新的综合能力。以下将通过“植物种植”和“生态沙盘”两个案例介绍其在教学中的应用。

第一节　“植物种植”项目

一、“植物种植”项目课程设计

植物种植涉及小学科学三、四年级教材中的重要部分，“植物种植”项目依据教材内容和课标要求内容进行设计。课程引导学生通过种植植物，去满足亲人朋友的需求，自学种植知识，并且锻炼查阅资料、设计规划、动手实践、持续调整、总结展示、宣讲等能力。

1. 课程目标

用教材内容训练创新技能。“植物种植”项目选自小学科学课三、四年级教材“植物的生长变化”“新的生命”两个单元的知识内容，将科学、美术、信息技术、语文、劳动和数学等多学科课程内容进行跨学科整合和创新性设计，让学生换一种方式学习，基于教材内容训练学生利用互联网查询、自行规划，完成播种、育秧、移栽、病虫害防控、种植管理和采收的全过程，培养既为他人创造价值又为自己提高技能的合作共赢理念，将学习知识、训练行为、提升能力和品格培养纳入同一教学过程，促进学生全面发展，落实《小学科学课程标准》要求培养多方面能力的目标。

课程针对小学三、四年级的学生进行教学，其已具备了基本的阅读、观察、记录、写作、绘图和动手能力，可以满足“植物种植”项目所需要的能力要求，具有融合各相关学科知识进行自主学习的基础。

2. 教学环节

课程“植物种植”项目，包括立目标、自学、设计、风险识别、实施、调整、展示，共 7 个环节，利用科学、美术、信息技术、语文、数学、劳动课堂，用 19 个课时完成。详见表 3–1。

3. 课程准备

为了确保“植物种植”项目课程顺利开展，教师需要事先对课程设计和相关内容深入理解，并做好如下准备。

（1）表格。作为指引学生主动学习的“脚手架”，提前准备相关表格。注意，成功设计、准备好这些表格的前提是老师需要提前开展“植物种植”课程实践，

表 3-1 “植物种植”项目课程安排表

学习环节	所在页面	科学	美术	信息技术	语文	劳动	数学	各阶段课时
1. 目标		1						1
2. 自学		1		1				2
3. 设计		1						1
4. 风险管理		1						1
5. 实施			4			2	1	7
6. 调整				2		1		3
7. 展示		2			2			4
共计课时		6	4	3	2	3	1	19

注：在排课时，需要根据各学校具体情况和相关规定安排、调整课时。

对不同植物生长过程中常见问题要事先掌握，尤其是对病虫害和营养不良等风险进行了解，为教学开展后学生的种植活动顺利开展提供支撑。

（2）课时。有些环节可由科学教师在其他课堂进行教学，教师之间需要充分沟通、安排好课时。比如，在“自学”环节，可由科学教师在信息技术课堂利用互联网开展信息查询、收集和整理的训练；在“实施”和“调整”环节，可由科学教师在劳动课堂组织学生播种、栽培和防治病虫害。

（3）教室。“植物种植”项目需要准备：①有投影仪的普通教室；②让学生通过互联网查阅相关资料的信息技术教室；③让学生完成种植的户外大棚。

（4）工具与环境。“植物种植”项目所需用工具包括种植大棚、育苗盒、营养土、种子、水壶、花肥等。还需要准备一个专用文件袋，训练学生逐步养成收集、整理和保管资料的能力。在课堂管理时，需要教师事先判断和识别项目中直接和潜在的风险。注意：为确保安全，工具的使用规范和教学中的纪律非常重要，严禁嬉戏打闹。如果需要购买杀虫剂控制病虫害，学生只负责查资料提供方案，或只使用低风险的自制杀虫剂。杀虫剂需由教师规范使用。在实际教学工作中，做好沟通可以让学生很好地规避风险。

二、“植物种植”项目课程实施

（一）植物种植项目——“立目标”环节

1. 课时与教室

1 课时（科学课），在普通教室完成。

2. 教学目标

（1）知识目标：①学习小学三、四年级科学教材与植物生长和繁衍相关的知识；②理解植物是生态圈的重要组成，可以满足人们对于观赏、调味、滋补及改善环境等方面的需求。

（2）技能目标：①价值规划：对自己，通过“植物种植”项目训练多项技能，包括观察他人需求、规划工作目标和进度、用互联网查询资料、设计、风险识别、动手实践、发现问题并解决问题、口头或书面展示成果等能力；对他人，分析备选植物（凤仙花、辣椒、含羞草、九层塔、向日葵）的价值，分析其对同学、长辈、学校的观赏、饮食、药材的价值，规划出“通过种植某植物，满足谁的什么需求”的目标。②时间规划：3 月初开启项目确立目标；3 月上旬完成自学、设计和风险识别；3 月中下旬开始播种，制作统计表，观察发芽率，用统计表和绘画的形式进行持续记录；5 月底前完成大部分实施和调整环节，若发现病虫害需再次查阅资料学习预防病虫害知识；6 月上旬完成收尾和展示环节，完成项目。

（3）情感与态度目标：传统教学目标由教师制定，学生只是被动学习。“植物种植项目——立目标”学习植物种植的相关知识，训练价值规划和时间规划的主动学习技能，并通过劳动满足他人需求，从而为其未来确立创新工作的目标。不仅使自身学习成长，同时还要以满足他人需求为目标，从而为其确立未来创新工作的目标，培养学生“合作共赢”“创造价值”的工作态度和社会主义核心价值观。

从课标角度看，“立目标”环节的目标符合《思想政治课程标准》对“能够对个人成长、社会进步、国家发展和人类文明做出正确的价值判断和行为选择”的要求。

3. 教学重点和难点

（1）教学重点：“植物种植项目——立目标”环节要让学生理解自身

可以通过主动学习与劳动，去满足他人对植物观赏、调味、滋补及改善环境等需求。引导学生确定项目的起止时间、规划项目流程和进度，培养学生规划工作目标和进程的能力。通过目标表的填写，明确“植物种植”项目对他人的好处，培养观察他人需求的习惯和利他主义精神，将“合作共赢”“创造价值”的观念运用到学习和工作中。

（2）教学难点：许多学生在现代教育模式中，已经培养起“占据资源”的思维方式，很容易在提到“满足他人需求”或“为他人创造价值”时，第一反应就是能不能“换取报酬”。面对此问题，需要教师针对“权力与责任对应”“收入与贡献平衡”进行说明和解释，让学生从“获取资源”的功利心态转向“通过满足他人需求实现自我价值”的社会主义思维方式。

4. 教学方法和手段

以教师讲解为主，穿插讨论互动，通过填写目标表和 PPT、视频等多媒体手段开展教学。

5. 课前准备

提前了解常见植物本身的价值和人们对植物的需求、准备目标表（表 3–2）、课程介绍 PPT，准备播放 PPT 的多媒体设备。

6. 教学过程

“立目标”环节 1 节科学课，内容：介绍“植物种植”项目课程并介绍课堂纪律。

（1）课堂导入（8 分钟）。向学生介绍本学期将开展“植物种植”项目。课程将以跨学科实践活动的教学模式开展，对课堂纪律要求高，需要学生共同遵守课堂纪律，包括：

① 回座位指令：教师倒数 10 下是要求同学们回到座位。同学们在听到教师从 10 开始倒数时，要放下手中的工作，安静地回到座位。倒数 10 下就是给学生的一个听到指令后的缓冲。当倒数到 6 时，所有人都应该放下手里的东西；当倒数到 1 时，应该已经在座位上安静坐好。

② 安静指令：教师倒数 5 下是要求同学们安静听讲。同学们在听到教师从 5 开始倒数时，只要在原地安静下来，并停下手里的工作。

③ 任务指令：教师先倒数 10、9，教室开始从嘈杂变得安静，然后讲出

表 3-2 “植物种植”项目目标表

学生姓名：	**日期：**	**指导教师：**
项目名称： “某植物的种植”		
项目描述： （参考答案：基于母亲做菜调味品、学校宣传的需求，自学辣椒的播种、移栽和病虫害防治，准备相关材料，通过种植劳动和调整，收获所需的植物）		
所需课时： 19 节课		
植物名称	植物价值描述（三年级下册教材内容，任选 3 种）	选择打√
凤仙花	（参考答案：观赏）	
丁香罗勒	（参考答案：食用、药用、观赏）	
观赏辣椒	（参考答案：食用、观赏）	
九层塔	（参考答案：食用、观赏）	
矮向日葵	（参考答案：食用、观赏）	
含羞草	（参考答案：触碰后会动，有趣、观赏）	
对自己的价值： （参考答案：①学习植物播种、移栽和病虫害的相关知识；②通过查资料、设计种植流程、日常养护、记录和展示，培养自己观察他人需求的能力、自学能力、设计能力、合作能力、解决问题能力和公众表达能力）		
对他人的价值： （参考答案：母亲做菜的调味品；帮助学校对外宣传展示等）		
本项目遇到困难可能提供帮助的人：		
备注：		

注意： 如果学生第一次接触“项目管理流程化学习——实践活动”，在未经历整个流程的情况下无法确切理解“价值规划”和“时间规划”的概念，需要在教师指导和提示下进行规划。在经历过多次完整的学习流程之后，可由学生自主进行规划。

需要完成的某个任务，继续倒数，这一指令要求同学们在倒数至 1 之前完成该任务。比如，a.“10、9，请大家在教师数到 1 之前，到门口排好队，8、7、6…”；b.“10、9，请大家在教师数到 1 之前，将桌上的垃圾收拾干净，8、7、6…”；c.“10、9，请大家在教师数到 1 之前，将所有工具分别整齐地放到后面红色和蓝色的盒子里，8、7、6…”

④ 当有同学明显违反课堂纪律，或在倒数 10 秒时不按要求操作，则会被叫到讲台前面来站一段时间，作为提醒。依情节轻重，需要站 30 秒、30

秒~2分钟、2~5分钟不等。如果出现比较严重的违反纪律，特别是用工具或药品等打闹之类的有安全隐患的行为，则需要暂停至少1节课，并通知家长。以上规则依据2020年12月23日生效的《中小学教育惩戒规则（试行）》“教育部令第49号”。

“倒数+目标+规则”是维持课堂纪律的一种简单有效的方式，对实践性课堂尤为重要。

（2）介绍项目（2分钟）。

① 向学生介绍项目案例：为满足运输需求的港口项目、为满足居住需求的建筑项目、为满足娱乐需求的游乐场项目、为满足饮食需求的农业项目、为满足通信需求的手机软件项目等。

② 向学生介绍项目的定义：项目是一项有时间阶段的从无到有、满足他人需求的创造性工作。

（3）植物的价值（5分钟）。

引导分析植物的价值，提问：种植植物有什么用？可以满足亲朋好友的哪些需求？可以产生哪些价值？先让学生举手讨论一下，再讲（引导学生得出类似结论：可以作为礼物送给同学、可以为学校提供观赏植物、可以为父母提供做菜的调料、可以为长辈提供滋补功效等）。

（4）植物种植项目（25分钟）。

教师带领学生开启植物种植项目：①分发目标表；②将学生分为4人一组；③每组学生在几种植物（凤仙花、辣椒、九层塔、含羞草、丁香罗勒、向日葵）中，任意选择3个品种从种子开始的植物种植项目；④填写目标表。明确将通过立目标、自学、设计、风险识别、实践、调整、展示7个环节完成项目。

（5）课后作业。

完善目标表。次日教师批阅并做好过程性评价。

（二）植物种植项目——“自学”环节

1. 课时与教室

2课时（信息技术1课时、科学1课时），在信息技术教室完成。

2. 教学目标

（1）知识目标：①学习教材关于“植物发芽的原理”的相关知识。从植物生长最根本的科学原理出发，理解植物的生长过程和生长机制，为种植植物铺垫知识基础。比如，要求学生在自学时查询“种子的构造”“种子发芽的条件”“为什么叶苗向上生长、根须向下生长”“常见植物病虫害及其防治”等关键词。②延伸学习“种植的现有播种技术”。从农业技术出发，了解人类在种植农作物时需要采取的技术要求，特别是播种环节的技术要求，比如，学习“如何种辣椒”“辣椒施肥”“辣椒常见病虫害及其防治”等要求。③学习目前普遍使用的“播种流程”和“移栽流程”。从提高农作物产量的角度，了解相关工艺的作用。比如，“辣椒如何播种或移栽”“辣椒病虫害防治和自制杀虫剂”等。

（2）技能目标：①培养操作技能：需要针对“植物种植”项目设定查询的问题；提炼潜在关键词，以便在互联网搜索引擎中进行相关信息的查询和收集；在大量网页中，通过阅读和分析，选取有效信息；归纳记录信息成为推动项目的知识并做记录；在有效信息中进一步提炼关键词，推动深层信息的挖掘，逐步实现信息的完整性；学会规范地记录和引用信息。②培养心智技能：在“植物种植”项目中，需要从科学、技术、工艺三方面进行学习，才能较为全面地了解植物种植知识。

（3）情感与态度目标：让学生通过互联网自主学习，体会自学所带来收获和成就感，激发学生自主学习热情。

从课标角度看，“自学”环节的目标符合《语文课程标准》对“着重培养学生的语文实践能力”“鼓励自主阅读”“激发学生的问题意识和进取精神”“积极倡导自主、合作、探究的学习方式”的要求；符合《科学课程标准》对“通过查阅资料收集信息、处理信息”的要求。

3. 教学重点和难点

（1）教学重点：学习“植物发芽的原理”“种植的现有播种技术”“播种流程”“移栽流程”的相关知识，并以相关知识为载体，训练提问、查询、阅读、归纳提炼等自主学习的多项技能。让学生在实践中树立起通过自身能动性学习的观念。

（2）教学难点：训练学生提问、查询、阅读、归纳提炼等自主学习的多项技能，需要借助表格作为框架和引导，通过完成表格进行练习，教师需要针对提炼关键词、查询关键信息进行指导。

4. 教学方法和手段

通过课前准备的自学表和课堂指导，训练学生通过互联网进行自主学习。教师在这一阶段应尽量避免讲解具体的种植知识，而是将训练学生对“自主学习”的提问、查询信息、阅读、提炼等多项技能的学习和运用作为重点。

5. 课前准备

教师需要准备自学表（见表 3–3），储备相关植物种植知识；准备信息技术教室。

表 3–3 “植物种植”项目自学表

学生姓名：	日期：	指导教师：	信息来源
基本信息	植物名称：		（网址或书籍）
	外形、植株、花和果实特征：		
	生长环境和条件：		
	生长周期：		
背景知识	播种原则：		
	移栽原则：		
	浇水施肥原则：		
现有栽培技术	播种技术：		
	移栽技术：		
	常见病虫害及其防治：		
	常见天气灾害及其防治：		
播种流程	播种环节 1：		
	播种环节 2：		
	播种环节 3：		
移栽流程	移栽环节 1：		
	移栽环节 2：		
	移栽环节 3：		
备注：			

6. 教学过程

分别用 1 节信息技术课和 1 节科学课，借助互联网和表格进行自学。

（1）“自学”环节第 1 节课，信息技术课堂。

进行植物种植项目的自学。

① 课堂导入（2 分钟）。

在满足他人需求的种植目标的基础上，通过完成自学表对植物种植项目进行自学（分发自学表，要求学生与目标表夹在一起，妥善保管）。

② 开始自学（38 分钟）。

a. 打开电脑的浏览器，登录搜索引擎（百度或 360 搜索等）。

b. 依据目标表、自学表内容开始查询资料。

c. 很快会有学生反映查不到资料或不知道怎么查。建议教师在 5 分钟后，用“倒数 10 秒”的规则，让全班安静下来进行讲解（这 5 分钟时间可以积累学生对查资料方法的饥饿感）。

d. 指导查资料。有很多学生对查资料有疑问，不知道怎样才能查到需要的信息。需要告诉学生资料查询的“方法 1”。

在查找“种子发芽原理”时，需要通过一系列近义关键词或短语词条进行查询，比如，“辣椒种子发芽原理”“辣椒种子是如何发芽的”“辣椒种子发芽的条件”等。

选择其中任意一个关键词或短语，如“辣椒种子发芽原理”输入搜索引擎（百度）进行查询，点开搜索给出的多个链接中的任意一个，阅读并判断其提供的信息是否有价值。若有，则记录到表格中。若无，则迅速点开另一条进行阅读并继续判断和记录。若“辣椒种子发芽原理”这个词条中的若干个链接文章都没有有效性信息，则需要换词条，比如，“辣椒种子是如何发芽的”或“辣椒种子发芽的条件”再次尝试。

让学生依照以上方式继续查询，其间不停有学生遇到问题，可逐一进行指导和帮助。

e. 在 10~15 分钟后，再次让全班安静。介绍查资料的“方法 2”。指导学生在查到了有效信息时，从有效信息中再挑选有价值的关键词；再用这第二层的关键词搜索资料，扩展有效信息；再挑选第三层有价值的关键词。以此类推。

上面的方法1，类似于提前准备好几把钥匙（关键词）去开一扇门（知识点）。而方法2，类似于在打开一扇门（知识点）走进房间后，从房间里寻找开启下一扇门的钥匙（关键词）。以此类推。

方法1和方法2是互补的信息查询方法。在之后的自学过程中，根据学生遇到的具体情况反复介绍这两种方法。其查阅的信息也许并不准确，核心是训练学生学习和掌握查询信息的方法。

（2）“自学”环节第2节课，科学课堂。

① 继续自学（40分钟）。

让学生继续查询资料，有疑问随时问教师。教师在遇到运用“方法1”和“方法2”的典型问题时，均可“倒数10秒”叫停全班并进行案例讲解。通常在两节课的自学过程中，叫停讲解4次左右，学生可初步掌握关键词查资料的自学技能。

② 课后作业。

复习课堂所学知识，整理并完成自学表内容，次日教师批阅并做好过程性评价。

（三）植物种植项目——“设计”环节

1. 课时与教室

1课时（科学课），在普通教室完成。

2. 教学目标

（1）知识目标：学习“设计”相关知识，包括语言、技术、标准三大类的设计领域。

（2）技能目标：①操作技能：练习设计所需要的绘图技能和流程规划技能。②心智技能：开始设计之前，需要了解“植物种植”项目涉及的科学、技术、工艺、材料，再次分析他人需求；设计能力是在想象力基础上发展而来的提高生产力和生活水平的能力，未来创新工作的核心就是想象力和设计能力，而非照抄照搬。

（3）情感与态度目标：“植物种植”项目在具体的情景中培养学生的设计能力，培养创新意识。

从课标角度看，“设计”环节的目标符合《美术课程标准》对“进行符合使用功能与审美要求的创意构想，并绘制草图、模型等予以呈现”的要求；符合《科学课程标准》对“能基于所学知识，设计比较完整的探究计划”的要求。

3. 教学重点和难点

（1）教学重点：用较短时间分别对语言、技术、标准三大类设计进行介绍，用浅显易懂的举例加以说明。

（2）教学难点：理解“人类社会的进步源于对自然界的认识、重新设计和改造”。

4. 教学方法和手段

通过案例讲解并穿插小组讨论，用PPT、视频等多媒体和学生实践完成“设计表”的方法开展教学。

5. 课前准备

准备“设计表”和相关案例并制作教学 PPT。

6. 教学过程

“设计”环节 1 节课，科学课堂。

（1）课堂导入（5 分钟）。

“走近设计”。简要列举语言、商品、协作模式等方面的设计案例，说明创新设计对人类进步至关重要，在认识并运用自然规律进行设计创新的过程中，推动人类文明和社会向前发展。主要的设计是语言设计、产品设计、标准设计等。

让学生以小组为单位，讨论并列出身边的设计。

（2）设计介绍 1——语言的设计（7 分钟）。

设计是围绕人们的需求，基于想象力对科学、技术、工艺、美学进行重新组合创造的过程。人类的创新发明都是设计出来的。其中，语言就是人类不同民族各自设计的一套“暗号”。这套“暗号”的设计过程大致如下：

① 语言的发明。比如，在古汉语中，代表“我”的词语非常多，比如，“吾（wú）”“余（yú）”“孤（gū）”“予（yú）”等文字符号和不同发音，都是古人对我（wǒ）的约定俗成，是设计出来的。所以在相对隔离的古代人类社会，各民族都各自设计出了自己的语言符号和发音体系。实际上任何由

人组成的群体都可以发明自己的语言符号和发音，只要大家约定好了，明白对方的意思就可以了。

让学生以小组为单位，设计一个小组暗号。

② 语言的丰富和发展。让学生以语言被逐步创造出来的词语（新的科技名词和网络流行语）举例。鼓励学生用新词组去描述各种情况和感受。

（3）设计介绍 2——产品设计（8 分钟）。

人类通过设计，将石头和木棍组合制成打猎的武器；通过设计，将矿石冶炼并制造出耕地和烧饭的铁器；通过设计，将化石燃料与机器结合，制成蒸汽纺织机；通过设计，将更复杂的机器与电能结合，制造出具有计算能力的电子计算机等。凡是人类使用而自然界中不存在的物品，都是通过设计并创造出来的。

让学生讨论身边的各类工具、用品，举一些例子。

产品设计。在设计产品时，需要进行绘图和功能介绍。教师以“水杯”为例，将水杯的产品介绍、正面图、侧面图和俯视图进行介绍和绘制。

（4）设计介绍 3——流程和标准的设计（5 分钟）。

在有了语言和工具后，人类还需要设计生产中的流程和各种行为标准加以规范。

流程，是指在生产中各种行为的先后顺序。比如，大家最熟悉的课堂，每节课都有固定流程，包括导入、教授、练习、总结、作业 5 个环节；项目管理流程化学习——实践活动也有固定流程，包括立目标、自学、设计、风险识别与应对、实施、调整、展示 7 个环节。固定流程在各行各业中大量存在。

标准，是一种在人们共识基础上的清单。它可以通过政府自上而下地发布，如法律、政策等，也可以通过民间交流自下而上地形成，如道德、文化等。当一个固定的清单变成人们的共识后，标准就建立了。标准可以是行为清单、流程清单、规则清单、价值观清单、考核清单等不同形式。

（5）课堂练习（15 分钟）。

① 以小组为单位，设计一句组员之间可以听懂的发音和符号，形成属于自己小组的“暗号”（3 分钟）。

② 选择 1 种身边重要或有趣的设计（文具、电器、工具等），绘制正面图、

侧面图、俯视图，并写出产品介绍。

③ 设计一种仪式，可以在睡觉前、吃饭后尝试进行。

（6）课后作业。

①针对语言设计，运用各小组的“暗号”；②针对产品设计，绘制一个物品的正面图、侧面图和俯视图；③针对流程设计，询问一名快餐店员工或其他任何行业的从业者，他在工作中最常用的“工作流程”，并做记录，次日教师批阅并做好过程性评价。

（四）植物种植项目——“设计”与“风险识别与应对”环节

1. 课时与教室

1 课时（科学课），在普通教室完成。

2. 教学目标

（1）知识目标：在上节课学习设计的基础上，通过对“植物种植”项目的设计，理解设计，并进行流程设计，同时学习“风险识别与应对”的基本知识和技能。

（2）技能目标：①操作技能：学习并掌握设计所需要的绘图技能；学习并掌握设计所需的流程规划技能；基于流程规划和想象力，识别与管理风险，包括时间、安全、质量、团队和资金等方面潜在的风险。②心智技能：开始设计之前，需要了解“植物种植”项目涉及的科学、技术、工艺、材料，再次分析他人需求；设计能力是在想象力基础上发展而来的提高生产力和生活水平的能力，未来创新工作的核心就是发挥想象力和设计能力，而非照抄照搬；设计和风险识别，将知识用于“植物种植”项目，是对想象力和创造力的训练，也是将现有知识从死记硬背升华到活学活用的关键；通过风险识别与应对，树立稳定可控的观念。因为稳定是创新和纠错的前提，识别和避免风险可以更好地确保“稳定”可控和项目的顺利推进。所以，需要引导学生分析“植物种植”项目可能出现的风险，包括工具使用威胁安全、生长季节和项目周期超出预期、病虫害使种植质量无法保证、同学的协作出问题影响团结等多方面的风险。

（3）情感与态度目标：“植物种植”项目在具体的情景中可培养学生

在创新工作中的风险意识，既是为了提高项目稳步向前的稳定性，也是为了提高个人学习、工作的稳定性，以及在社会协作中提高社会稳定性，确保目标达成。

在课标中，“风险识别与应对”少有体现。但作为创新必不可少的能力，需要引起重视并在培养创新能力的教学中切实培养和训练。

3. 教学重点和难点

（1）教学重点：培养学生设计创新、抵御风险的能力。将“植物种植”项目作为教学平台，训练设计所需要的绘图技能和流程规划（设计）技能，并基于此培养学生的风险识别与应对能力。训练设计所需要的绘图技能和流程规划（设计）技能，培养识别时间、安全、质量、团队和资金等多方面的风险并设计应对措施的能力。

（2）教学难点：风险识别是对未来可能发生的潜在危险的预判，正确的风险应对措施是在预判基础上形成并针对性地进行风险管控。这部分内容抽象且不易掌握，在教学实践中不仅需要教师利用各种机会反复讲解，更需要学生在实践持续的活动中反复体会。所以，风险意识应贯穿“植物种植”项目的始终。

4. 教学方法和手段

以“教师示范、学生模仿”为主要形式，并穿插小组讨论，指导学生填写设计表、风险表，用 PPT、视频等多媒体和学生实践的手段开展教学。

5. 课前准备

（1）规划种植流程：教师需要储备相关知识，准备植物种植设计表（见表 3–4）、风险表（见表 3–5）和信息技术教室。

（2）风险识别：基于播种过程，列出其风险。指导学生进行小组讨论，围绕安全、时间、质量、团结等因素，列出可能出现的风险。

6. 教学过程

“风险识别与应对”环节 1 节科学课。

（1）课堂导入（5 分钟）。

本节课进入植物种植项目的“设计”和“风险识别与应对”环节。分发

表 3–4 “植物种植”项目设计表

学生姓名：	日期：	指导教师：

步骤	各步骤的目标和工作内容：	所需物品和工具
播种流程	（播种流程 1）：	
	移栽流程：	
	病虫害 1：	
移栽流程	（移栽环节 1）：	
	（移栽环节 2）：	
	（移栽环节 3）：	
病虫害 1	虫害出现条件、预防方法：	
	杀虫方法及注意点：	
病虫害 2	虫害出现条件、预防方法：	
	杀虫方法及注意点：	
备注：		

表 3–5 “植物种植”项目风险表

学生姓名：	日期：	指导教师：

步骤	分析潜在风险	设计应对措施
1. 播种	（参考：季节、天气、操作不适合）	（参考：选择适当的季节、天气，正确操作）
2. 移栽	（参考：季节、天气、操作不适合）	（参考：选择适当的季节、天气，正确操作）
3. 田间管理	（参考：浇水、施肥时机、用量不当）	（参考：科学合理地浇水、施肥）
4. 病虫害	（参考：农药选错，未达目的；农药使用不当，危害健康、环境）	（参考：选择适当杀虫剂，正确规范使用）
5. 团队协作	（参考：同学间团结协作出问题）	（参考：认真对待，及时沟通）
6. 按时完成	（参考：以上易出问题的环节失控）	（参考：严格控制各类风险）
备注：		

设计表和风险表（要求学生将各种表格夹在一起整理好）。

（2）开始设计（25 分钟）。

让学生基于之前完成的自学表，填写设计表，对植物种植的流程进行规划：

① 确定种子发芽所需条件：温度、水、空气。在脑海中想象播种所需物品：育苗盒、土壤、洒水壶、种子、薄膜、种植大棚、花架等，以时间顺序想象播种流程，逐一将其填入设计表中。

② 确定移栽所需条件：想象播种、移栽所需物品，以时间顺序想象流程，填入设计表中。

（3）风险识别（10 分钟）。

让学生在自学表和设计表的基础上，对“植物种植” 过程的潜在风险逐一分析。讨论并填写风险表。

① 播种过程的风险：学生小组围绕播种过程的安全、时间、质量、团结等因素，进行讨论并列出可能出现的风险。

② 移栽过程的风险：学生小组围绕移栽过程进行讨论并列出潜在风险（10 分钟）。

③ 同样讨论，并列出在整个生长过程中的风险：浇水、施肥、常见病虫害和时间、气候、安全、团队等风险，如何避免。

④ 团队成员有哪些优缺点，如何针对性地分配任务以充分发挥每个成员的优点，提高效率和增强团队凝聚力，如何避免矛盾并解决团队协作等风险。

（4）课后作业。

完善植物种植项目的设计表和风险表。次日教师批阅并做好过程性评价。

（五）植物种植项目——“实施”环节

1. 课时与教室

7 课时（劳动 2 课时、美术 4 课时、数学 1 课时），在种植大棚和普通教室完成。

2. 教学目标

（1）知识目标：①进一步学习和巩固地理、生态及材料；②在实践活动中学习种植知识和相应工具的使用方法。

（2）技能目标：①操作技能：学习播种、移栽施肥等技能；浇水和观察；病虫害防治。②心智技能：学习植物生长知识与栽培实践相结合的技能；在项目过程中依据设计实施项目，随时对风险进行预判、识别并采取应对措施；培养团队交流、团队协作的技能。

（3）情感与态度目标："植物种植"项目在具体的情景中培养学生的动手能力和理论联系实际的能力，培养学生乐于在劳动实践中创新的态度和团队意识。

从课标角度看，实施环节的目标符合《品德与生活课程标准》对"动手动脑、有创意地生活""制作玩具、礼物、道具、模型"的要求。符合科学、美术、信息技术、语文等多学科课标中对"学以致用"的要求。

从"劳动教育"角度看，"植物种植"项目的实施环节是劳动教育在教学中的具体贯彻和落实，践行了《关于全面加强新时代大中小学劳动教育的意见》中对"有计划地组织学生参加日常生活劳动、生产劳动和服务性劳动，让学生动手实践、出力流汗，接受锻炼、磨炼意志，培养学生正确劳动价值观和良好劳动品质"的要求。

3. 教学重点和难点

（1）教学重点：打破传统课堂让学生单向吸收记忆学科知识的模式，通过"植物种植"项目的实施环节，进一步巩固植物生长和种植知识；在"播种""移栽""绘画""统计"的实践活动中，让学生通过行动验证自己的设计，并培养防范风险的意识，养成劳动观念和热爱劳动的习惯。

（2）教学难点：①纪律：活动课程对教师课堂纪律的把控提出了极高的要求，"倒数10秒"配合简单、明确、有效的课堂规则，需要反复使用，促进学生配合并形成良好的课堂纪律；②风险：实施过程将用到许多工具是潜在的风险，需要教师进行风险识别与应对的指导并强化；③解决问题：书本上的植物生长规律与实际的生长情况往往会有区别，并以此为契机训练学生观察问题、思考解决方案的能力。

4. 教学方法和手段

教师提前准备好植物种植需要的材料、工具，以学生动手种植、小组协作的形式为主开展教学，穿插教师的指导，通过提供劳动场景和劳动目标培训学生的动手能力。

5. 课前准备

（1）对课堂纪律进行设计和不断优化，确保安全。由于课堂教学是以学生小组的团队合作形式进行种植实践活动，维持课堂纪律和持续是不小的挑战，关乎学生安全，需要高度重视和严格管理。

（2）材料：种子、小铲子、育苗盒、营养土、洒水壶、薄膜、有放置育苗盒架子的种植大棚、种植大棚中的温度计等和统计记录表（见表 3–6）。

表 3–6 “植物种植”项目统计记录表

学生姓名：	**日期：**				**指导教师：**
	品种 1	品种 2	品种 3	是否浇水	种子的出芽率、成活率、结果率等记录
出芽时间					
移栽时间					
每天记录					时间 & 环境温度
月 日					时 分， ℃
月 日					时 分， ℃
……					……

品种 / 日期	位置、病虫害形态及判断	方法、结果记录	信息来源
例：辣椒 /5 月 7 日	叶片上，呈白色粉末样判断：白粉病	发病初期，多氧清 1000 倍液 + 杜邦福星 3000 倍液，喷洒	农药种植网，辣椒栽培技术。网址：https://www.my478.com/html/20190430/206229.html
……			
月 日	叶片恢复正常	使用杀虫剂后，辣椒生长正常	
……			
备注：			

注意：播种环节的土壤情况和田间管理都会影响出芽率以及后续生长。
播种后田间管理需要教师的指导做后盾，保证学生顺利完成种植任务。
移栽时机的把握和操作对成活率影响大，在学生查资料的基础上，需要教师指导。

6. 教学过程

在自学、设计和风险识别的基础上，动手实施种植。按照以下顺序在 7 课时内完成教学：

第 1 节劳动课、第 2 节美术课：播种与绘图记录。

（间隔 3 周）第 3 节劳动课、第 4 节美术课：移栽与绘图记录。

第 5 节数学课：统计和记录。

第 6、7 节美术课：美术的线条与色彩训练。

（1）“实施”环节第 1 节课，播种，劳动课堂。

介绍各种工具和材料，强调课堂纪律、保证安全，并让学生在前期目标、自学、设计和风险识别基础上，进行播种实践。

① 课堂导入（3 分钟）。

介绍实验室摆放的各种工具和材料，包括种子、小铲子、育苗盒、营养土、洒水壶、薄膜等。然后让学生以小组为单位轮流拿取材料。教师强调纪律：让第一组同学有序地拿好所需材料回到自己的座位坐好后，教师再叫下一组，以此类推。在其他小组拿取物品时，在座位上的学生回顾、复习目标表、自学表、设计表和风险表。分发统计记录表（让学生把各类表格夹在一起），要求学生每天定时填写统计记录表。

② 取材料（5 分钟）。

让第一组学生去取材料，倒数“10、9、8…”如果有学生说话，教师迅速点名：某同学和某同学站到指定位置 30 秒（时间到后让其回座位），如果是第二次犯则延长到 2 分钟，并提醒下次犯规会继续增加时间。

③ 实施（33 分钟）。

a. 在所有小组拿到工具和材料后，让学生小组各自进行播种，25 分钟。教师主要负责维持课堂秩序，保障活动安全，拍照记录和回答学生的疑问。

b. 整理实验室，3 分钟。

c. 将育苗盒放到种植大棚中，5 分钟。

④课后作业。

a. 将播种过程与设计的流程进行对比，结合立目标、自学环节，写一篇记录制作过程的小作文。次日教师批阅并做好过程性评价。

b. 课后进行每日的观察记录，填写统计记录表。

（2）“实施”环节第 2 节课，绘画——播种，美术课堂。

用绘制展报的形式介绍“立目标”“ 自学”“ 设计”“ 风险识别”和“播种”的知识内容和活动过程。

① 课堂导入（5 分钟）。

本节课将用绘制展报的形式表达已经学习的知识和绘制活动过程。让学生拿出目标表、自学表、设计表、风险表和统计记录表，然后分发绘图本、铅笔和彩色笔等绘画工具。

② 绘制指导（35 分钟）。

a. 教师展示事先准备的范例，并要求学生一边看一边在脑中构思自己的展报样式。

b. 以小组为单位，讨论并确定各自小组展报的内容和形式。可以参考刚刚介绍的范例，也可以按照自己的想法设计并和同学讨论后完成。

③ 课后作业。

课后完成绘画，次日教师批阅并做好过程性评价。

利用课余时间继续观察、记录，每日坚持填写统计记录表。并且播种以后，需要安排固定时间让学生有秩序地去种植大棚观察种子是否发芽和生长的情况，对种植大棚中的温度进行记录，鼓励绘画记录和日记记录。这个过程可以让学生更直观地感受到，生命的迸发需要时间和耐心；种子发芽后，需要拆除包裹育苗盒的薄膜以便幼苗生长。以小组为单位轮流负责各自植物的浇水任务；如果出现病虫害，需要进行记录，并告诉教师加以应对。

（3）“实施”环节第 3 节课，移栽，劳动课堂。

种子从播种、发芽到适合移栽有一段时间的间隔。所以，移栽需要安排在一段间隔时间之后开展。比如，在播种以后的第 3 周或第 4 周，可以开启移栽过程。教师需要向学生介绍各种工具和材料，强调课堂纪律、保证安全，让学生在前期工作的基础上，进行移栽。

① 课堂导入（5 分钟）。

介绍实验室集中放置的各种工具和材料，包括小铲子、营养土、花盆、盆托、洒水壶、薄膜等。要求各小组学生按照教师口令，依次有序地拿好物品。

在等待其他同学拿取物品时，请在座位上回顾夹在一起的目标表、自学表、设计表、风险识别表和统计记录表。

② 开始准备（10 分钟）。

a. 教师发出指令，让学生分小组依次去取工具和材料。

b. 在所有小组都已经拿好物品后，教师再次强调纪律：任何时候，当教师从 10 倒数时，都要在规定时间里放下手中的工作或回到教师面前排好队；如果不是进行移栽工作，而是相互打闹，会被教师叫到指定地点暂停作为提醒；在种植大棚移栽的时间是 20 分钟，如果没有完成移栽，就自己在课间抽空去完成；提前移栽好的同学，可以去帮助其他小组同学。

c. 要求学生将表格留在实验室，教师倒数 10 下，全班同学都到实验室外排好队，带上领到的物品，然后一起去种植大棚进行移栽。

③ 到种植大棚移栽（25 分钟）。

再次强调任何打闹或者在倒数 10 下没有按要求做的同学，就站在种植大棚外的树下暂停一段时间（教师掌握时间长短）；有 20 分钟移栽，5 分钟整理和打扫。

开始移栽：以小组为单位，将育苗盒拿到种植大棚外面的平地上，各自进行移栽。教师主要负责维持整体秩序、活动安全、拍照记录和答疑。时间到 18 分钟时，提醒班级还有 2 分钟。到 20 分钟时，开始收尾工作和整理场地，25 分钟时，全班集合，带上工具回实验室。

回到实验室门口按照教师口令排好队。再按口令将工具放回原处，回到座位上，拿好自己的表格。教师宣布下课。

注意：在实施过程中，控制学生行为、保持课堂纪律是有效推进教学内容的需要，也是实践课堂的巨大挑战。“倒数 10 下”配合“暂停惩罚”可以有效掌控课堂秩序。

④ 课后作业。

持续每天观察、记录，填写统计记录表。移栽后，仍然需要让学生在固定时间有秩序地去种植大棚观察秧苗生长情况，对种植大棚中的温度进行记录，鼓励绘画记录和日记记录。以学生小组为单位完成浇水任务。

如果出现病虫害，需要进行记录并告诉教师。

次日教师批阅并做好过程性评价。

（4）“实施”环节第 4 节课，绘画——移栽，美术课堂。

用绘制展报的形式介绍“种子发芽”“ 移栽”和平时浇水、做记录等课程内容和活动过程。

① 课堂导入（5 分钟）。

请学生拿出目标表、自学表、设计表、风险识别表、统计记录表和日常做的文字记录与绘图记录，本节课将种子的发芽和小苗移栽的过程绘制成展报。教师展示事先准备的范例，并要求学生一边看一边在脑中构思自己的展报样式。

② 实施（35 分钟）。

在美术教师指导下，各小组开始绘制展报。

③ 课后作业。

完成展报的绘制。次日教师批阅并做好过程性评价。

（5）“实施”环节第 5 节课，统计，数学课堂。

通过对植物生长的观察，学习统计和概率知识。

① 课堂导入（5 分钟）。

“植物种植”项目开展以来，学生已经记录了大量植物生长的数据。这些数据有些关于发芽率，有些关于生长速度，它们都对植物的生长进行了记录，对进一步研究植物的生长规律和种植方式都有一定价值。

② 授课（35 分钟）。

a. 汇总三、四、五年级数学教材中与测量、统计相关的内容。

b. 介绍“植物种植”项目中涉及的发芽率、生长速度、染病率、开花率、结果率等概念。

c. 指导学生整理自己的记录数据，将其中一项（如发芽率）绘制成图表。

d. 介绍“发芽率”图表的作用：通过不同播种方式的比较，促进优选和判断更有效的种植方式，从而推动技术的进步。

③ 课后作业。

a. 将统计的植物数据绘制成图表，次日教师批阅并做好过程性评价。

b. 要求学生继续填写统计记录表。

（6）“实施”环节第 6 节课，绘画——线条，美术课堂。

观察植物各个部位的线条，训练并达到美术教材对“线条”理解和运用的要求。

① 课堂导入（5 分钟）。

从开始种植植物到今天已经一个多月。植物也从一颗小小的种子生长为茁壮成长的绿苗。这节课要求学生选取植物的 5 个部位，观察细节并用线条、纹路绘制出来。如果出现了病虫害，应增加对病虫害的描绘。

② 实施（35 分钟）。

分发画笔、绘画本等绘画工具，在教师指导下，到种植大棚观察植物并绘画。

③ 课后作业。

课后继续完成绘画和统计记录表。次日教师批阅并做好过程性评价。

（7）“实施”环节第 7 节课，绘画——色彩，美术课堂。

观察植物各个部位的颜色，训练并达到美术教材对“色彩”理解和运用的要求。

① 课堂导入（5 分钟）。

让学生在上节课的 5 个“线条”绘画作业基础上，调制水彩颜料填充在原来只有线条的图画上。其中，3 幅绘画尽量还原真实色彩，另外 2 幅绘画要以夸张、有趣、带有冲击力的色彩填充。如果出现了病虫害，应增加对病虫害色彩的观察和绘画练习。

② 实施（35 分钟）。

分发绘画工具。在教师指导下，到种植大棚观察植物并写生。

③ 课后作业。

课后继续完成绘画，次日教师批阅并做好过程性评价。

（六）植物种植项目——“调整”环节

1. 课时与教室

3 课时（信息技术 2 课时、劳动 1 课时），在信息技术教室和种植大棚完成。（在排课时，需要根据学校具体情况和相关规定安排、调整课时）

2. 教学目标

（1）知识目标：①进一步学习植物生长、种植的相关知识；②进一步学习防治病虫害的相关知识。

（2）技能目标：①操作技能：观察植物生长和病虫害，并做记录的技能；基于观察、记录，再次训练用互联网自主学习的技能。②心智技能：学会持续“调整”是取得成功的关键；在调整过程中学会防治病虫害；利用处理植物病虫害的调整过程，训练情绪稳定、解决问题的方法与纠错的勇气，从而将“稳定、创新、纠错”的发展原则注入学生的个人成长过程中。

（3）情感与态度目标：调整环节对学生的目标坚定、情绪稳定、观察与发现不足，勇于纠错等品质培养非常重要。让学生通过实践感受到只有努力坚持、克服困难才能收获成功，体会“劳动产生价值”的乐趣。

从课标角度看，“调整”环节的目标符合《科学课程标准》对“从事物的结构、功能、变化及相互关系等角度提出问题”“对探究活动进行过程性反思，及时调整”的要求。

3. 教学重点和难点

（1）教学重点：“植物种植”项目的调整环节，对种植的植物、绘制的展报、发现的病虫害进行回顾，与目标表、设计表、自学表、风险识别表、统计记录表等进行对比，克服不良情绪，再次进行自学，发现问题；进行杀虫等解决病虫害等问题，最终经过反复调整，改善和提升项目品质。

（2）教学难点：①纪律：在整个实施和调整过程中，课堂纪律都是对教师的极大挑战。这既牵涉课堂的顺利开展，也关乎学生安全。“倒数 10 秒”配合简单、明确、有效的课堂规则，需要相互配合反复使用。②发现问题、思考问题、解决问题：在实施以后，基本上都会遇到各种问题，需要引导学生针对出现的问题进行思考，重新甚至反复开展自学、设计、风险识别与应对等环节。③坚忍不拔的意志力训练：在经历了让人兴奋的实施环节后，重新甚至反复开展自学、设计、风险识别与应对等环节会让学生感到疲惫，需要鼓励其咬牙坚持。这个过程是训练学生坚忍不拔的意志力的关键环节，也常常是对教师意志力的挑战，是教师自身需要坚持的环节。

注意：在“调整”环节，由于问题的出现和对项目的新鲜感已过，容易导致学生产生畏难、急躁等负面情绪，这既是教学的难点，也是培养学生优秀品格的契机。应当格外重视，需要不断激励和要求学生再次自学植物种植和防治病虫害的知识，认真提出杀虫计划并实施调整方案，训练学生克服困难、善始善终的习惯，经过长期多次训练和培养将会逐渐形成坚忍不拔等品格。

4. 教学方法和手段

以学生动手操作、小组协作、互联网自学的形式为主开展教学，并穿插教师的指导。用 PPT、视频等多媒体和学生实践手段开展教学。针对病虫害处理问题，重复“自学”“设计”“风险识别与应对”和“实施”环节，包括对照实施效果重新回顾目标表、自学表、设计表、风险表和统计记录表并进行补充。提高发现问题、解决问题的能力和创新能力。

5. 课前准备

需要准备防治病虫害的“植物种植”项目自制杀虫剂调整—自学表（见表 3–7，以下简称调整—自学表）、“植物种植”项目自制杀虫剂调整—设计表（见表 3–8，以下简称调整—设计表）和“植物种植”项目自制杀虫剂调整—风险表（见表 3–9，以下简称调整—风险表）。

表 3–7 “植物种植”项目自制杀虫剂调整—自学表

学生姓名：	日期：	指导教师：	信息来源
病虫害	1.（某植物）_______ 常见病虫害：		（网址或书籍）
	目前植物情况，最有可能的病虫害（描述）：		
	应对方法及周期：		
	2.（某植物）_______ 常见病虫害：		
	目前植物情况，最有可能的病虫害（描述）：		
	应对方法及周期：		
自制杀虫剂	名称、适用范围：		
	制备方法及要求：		
	使用方法及周期：		
备注：			

表 3-8 "植物种植"项目自制杀虫剂调整—设计表

学生姓名：	日期：	指导教师：
步骤	内容及要求	所需物品和工具
流程设计	杀虫剂名称、制备流程：	
	步骤 1：	
	步骤 2：	
	步骤 3：	
备注：		

注：要求自制杀虫剂对人的安全性高。若杀虫效果不好，则由教师喷洒更有效的农药。

表 3-9 "植物种植"项目自制杀虫剂调整—风险表

姓名：	日期：	指导教师：
阶段	潜在风险：	应对措施：
制备全流程		
步骤 1		
步骤 2		
步骤 3		
备注：		

注：基于各步骤的目标、内容、所需物品判断潜在风险（含杀虫剂对人体、环境的危害）、设计应对措施。

6. 教学过程

按照以下顺序在 3 课时内完成教学：

第 1、2 节信息技术课：查询植物的病虫害原因并进行防治病虫害设计。

第 3 节劳动课：自制杀虫剂并喷洒。

（1）“调整”环节第 1、2 节课，病虫害防治知识学习，信息技术课堂。

虽然“调整”环节的第 1 课放在“实施”环节后面，但是在实际教学中，任何时候学生观察发现大量虫卵或其他病虫害时，都应尽快开展“调整”环节的第 1 课。防治病虫害越早越好。

① 课堂导入（5 分钟）。

a. 要求学生再次利用互联网查询病虫害相关知识，找出应对方法。比如，植物叶片上有白色粉末状的东西；叶片上有一条条细线（仔细观察发现，在细线的一端好像还有只小虫在叶片里面）。引导学生针对以上现象，通过互联网查询学习相关病虫害的处理方法和自制杀虫剂信息。

b. 分发自制杀虫剂的调整—自学表、调整—设计表、调整—风险表，让学生逐一填写，并在教师的目标表上标注修改或补充内容。

② 学习病虫害防治知识（35 分钟）。

在互联网查资料前，引导和帮助学生查询并获得所需资料和信息。

a. 现有信息：植物的品种，病虫害的颜色、外形。

b. 查询思路：“某种植物常见病虫害”“如何防治（这种）病虫害”“自制简易杀虫剂”的相关信息。

c. 以小组为单位，利用互联网查询信息，并将查到的有效信息填入调整—自学表。

③ 病虫害防治的设计、风险识别与应对（40 分钟）。

学生利用查到的知识，填写调整—设计表和调整—风险表。若有问题，继续利用互联网查询或与教师讨论。

④ 课后作业。

完成调整—自学表、调整—设计表、调整—风险表，以及统计记录表。次日教师批阅并做好过程性评价。

（2）“调整”环节第3节课，自制杀虫剂并喷洒，劳动课堂。

按设计制作“自制杀虫剂”并喷洒(制作辣椒水或肥皂水，控制安全风险)。

①课堂导入（2分钟）。

强调制作简易杀虫剂的纪律：制作过程中保持环境整洁，每个步骤完成后都要整理桌面；注意完成“自制杀虫剂”后，只能对植物喷洒，严禁对人喷；溅到眼睛里会受伤，要及时用自来水冲洗；调皮打闹会被惩罚。

制作好后，到种植大棚中对植物进行喷洒杀虫。

②制作杀虫剂（18分钟）。

以小组为单位，基于调整环节的设计表、风险表，制作简易杀虫剂。

③喷洒自制杀虫剂（20分钟）。

全班列队，带上制作好的简易杀虫剂，到种植大棚对病虫害植物进行喷洒，并做好记录。

④课后作业。

观察自制杀虫剂的效果、病虫害的变化，坚持记录。确定汇报备选植物。次日教师批阅并做好过程性评价。

（七）植物种植项目——“展示”环节

1. 课时与教室

4课时（科学2课时、语文2课时），在普通教室完成。

2. 教学目标

（1）知识目标：回顾并进一步理解植物生长原理、植物种植和病虫害防治知识，特别需要引导学生总结在植物种植各环节实践中获得的直接经验转化而来的知识。

（2）技能目标：①操作技能：训练书面表达和公众表达能力，并用于小组展示中。通过回顾“植物种植”项目强化理解项目管理流程化学习实践活动的7个环节所训练的技能：a. 识别他人需求，规划目标和时间进度；b. 训练通过互联网自主学习的技能；c. 培养设计需要的时空规划和想象力、风险识别与应对技能、理论与实践相结合的动手技能、坚忍不拔的持续调整技能。②心智技能：a. 树立“行百里者半九十”的观念，培养坚忍不拔、耐心细致、善始善终的心智技能；b. 树立知识可以由自身经验生产的观念。

（3）情感与态度目标：通过总结和表达，让学生在学习和实践中体会、产生、凝练出新的知识，成为知识生产者，获得成就感。感受到分享的乐趣，树立分享自身创新经验本身也是在为他人创造价值的观念。

“展示”环节的目标符合《语文课程标准》对“写作能力、口语表达能力”的要求；符合《美术课程标准》对“结合其他学科知识，自觉运用美术表现能力，解决学习、生活和工作中的问题”的能力；符合《科学课程标准》对“基于所学知识，采用不同的表述方式，如科学小论文、调查报告等方式，呈现探究的过程与结论”的要求。

3. 教学重点和难点

（1）教学重点：在“植物种植”项目的“展示”环节，基于植物种植内容和学生在项目中的各自经历，训练学生口头、书面和绘画展示能力，为学生分享成功的喜悦拓宽视野。了解自己碰到的问题及其应对问题的经历，为他人提供经验，提高战胜困难的决心和自信，体会创新性工作的价值、分享的价值。

（2）教学难点：展示环节的关键是让学生基于自身学习过程和亲身经历，对相关知识、设计、流程等内容进行总结。这种总结并非单纯对现有知识的记忆，而是通过亲身实践由直接经验产生的知识，不要求往往也没有“标准答案”，更重要的是立足自身的归纳，训练学生实事求是、独立思考的创新勇气，为将来成为一名具有知识生产能力的创新工作者打下基础。

4. 教学方法和手段

以小组总结、展示的形式为主展开教学，并穿插教师的指导。通过绘制展报的形式，训练学生观察并采用美的方式，直观表达行为、流程、知识和思想，进而通过公众表达的形式训练学生的演讲能力、展示能力，并为将来创新工作的论文撰写打下基础。

5. 课前准备

需要准备展示表（见表 3–10），在展示环节提升学生的语文和美术能力。

6. 教学过程

按照以下顺序在 4 课时内完成教学：

第 1 节科学课：整体规划、分工准备展示。

表 3–10 “植物种植”项目展示表

姓名：	填表日期：	指导教师：
种植的植物：1.__________；2.__________；3.__________（在汇报展示的两种植物上打√）		
小组同学姓名	汇报展示内容及分工	
______	组长：担任主持人，组织展示顺序，介绍衔接，结束时进行总结	
______	组员 1：介绍“项目”用到的关键物品，实际观察植物生长过程，种植结果和感受 组员 2：完成项目 7 个环节（目标、自学、设计、风险、实施、调整、展示）的学习感受（对自主学习播种、移栽、病虫害等知识，查询信息、整理资料、设计与风险控制、防治病虫害、动手实践、解决问题的能力，合作共赢的观念的培养有何体会） 组员 3：完成项目对其他人有哪些帮助、有什么价值；过程中从同学身上学到什么	
展示安排	汇报展示时长：以小组为单位，每组 5 分钟	
	各小组汇报展示顺序确定：	
备注：		

注：仔细阅读表格内容并认真准备。各小组事先完成汇报预演，并展示种植的植物、绘制的展报。

第 2 节语文课：学习和准备汇报文字提纲、逐字稿。

第 3 节科学课、第 4 节语文课：展示汇报。

（1）“展示”环节第 1 节课，准备展报，科学课堂。

准备汇报：规划和分工，准备汇报文字提纲、逐字稿。

① 课堂导入（10 分钟）。

a. 经过学生的精心栽培，植物已长大甚至开花结果，接下来要进入展示环节，包括回顾前面立目标、自学、设计、风险识别与应对、实施和调整环节的学习经历。

b. 准备资料包括“美术绘图记录”、“植物生长日记”、目标表、自学表、设计表、风险表、统计记录表及 3 个调整表等。

c. 分发展示表，教师对展示表内容进行逐一介绍，明确相关要求，确定各小组汇报顺序。

② 分工并准备展报（30 分钟）。

a. 学生小组讨论规划“如何介绍植物种植项目的思路”，小组成员分工（4 人：组长 1 人，组员 3 人。讲解分工，每个人的工作量相当）。2 分钟。

b. 填写展示表，并绘制“植物种植”项目展报。28 分钟。

③课后思考和作业。

继续完善展报。次日教师批阅并做好过程性评价。

（2）“展示”环节第 2 节课，准备演讲文稿，语文课堂。

准备汇报：规划和分工，准备汇报文字提纲、逐字稿。

① 课堂导入（2 分钟）。

指导学生，以小组为单位，配合植物和展报，准备“植物种植”项目讲解。

② 写讲解提纲（5 分钟）。

以小组为单位，学生依据实际情况和分工，写出讲解提纲。

③ 调整提纲（5 分钟）。

小组讨论，对讲解提纲进行补充、调整，让每个人的工作量相当。

④ 写逐字稿（22 分钟）。

每位同学围绕所要讲解的内容，写出逐字稿。有问题随时问教师。教师在遇到典型问题时应该对全班进行指导。

⑤ 介绍“展示”环节的考核评价要求（6 分钟）。

下课前，介绍展示考核表（见表 3–11）。

表 3–11　“植物种植”项目综合评定表

考核项目	考核内容及分数	分数小计
1. 目标表	完整性（5 分）	5 分
2. 自学表	准确性（4 分）、全面性（4 分）、规范引用（2 分）	10 分
3. 设计表	准确性（5 分）、流程完整度（5 分）	10 分
4. 风险表	预判准确性（5 分）、应对全面性（5 分）	10 分
5. 记录表	每日坚持（3 分）、准确（2 分）	5 分
6. 调整表	合理性（5 分）、结果（5 分）	10 分
7. 展示	作品——植物（5 分）、展报（5 分）、讲解（10 分）	20 分
8. 个人表现	纪律（10 分）、主动性（5 分）、团结协作（10 分）	25 分
9. 团队表现	团队工作整体情况（5 分）	5 分
	合计	100 分

⑥ 课后作业。

继续完善逐字稿，次日教师批阅并做好过程性评价。之后，按要求修改并开始讲解练习。

（3）“展示”环节第 3、4 节课，演讲展示，科学课堂、语文课堂。

①课堂导入（2 分钟）。

a. 学生以小组为单位，按照安排的顺序介绍各自的“植物种植”项目。

b. 各组学生上台前，将汇总的课程表格、手册等资料，交给教师。

c. 每小组介绍时间控制在 5~8 分钟。在第一组讲解时，第二组准备。

②各小组介绍（78 分钟）。

学生的汇报展示和资料进行综合评分。若 2 课时不够，则增加 1 课时，确保各组完成展示。

三、“植物种植”项目课程小结

“植物种植”项目课程以现行课标要求和教材知识为基础，与学生的知识结构、能力结构、认知能力相匹配，是围绕创新能力培养的跨学科综合性课程，强化了教材知识的学习和应用，是对传统教学形式的有效补充。

1．“植物种植”项目与劳动教学的融合

2020 年 3 月，中共中央、国务院印发《关于全面加强新时代大中小学劳动教育的意见》，特别强调通过劳动教育“坚持立德树人，坚持培育和践行社会主义核心价值观”“贯通大中小学各学段，贯穿家庭、学校、社会各方面，与德育、智育、体育、美育相融合，紧密结合经济社会发展变化和学生生活实际，积极探索具有中国特色的劳动教育模式，创新体制机制，注重教育实效，实现知行合一，促进学生形成正确的世界观、人生观、价值观”。

本课程通过立目标、自学、设计、风险识别、实施、调整、展示 7 个环节的教学，是对传统劳动教育的结构化升级，发展为体力劳动、脑力劳动和创造性劳动相融合的新型劳动教育模式，符合新时代创新型社会对劳动教育的要求。而且将种植的植物与同学、父母、学校的观赏需求、调味需求、滋补需求、教育需求、宣传需求相结合，训练洞察他人（社会）需求，并通过劳动满足需求的技能和意识，在利人利己的实践活动中培养社会主义核心价

值观，从而促进学生自己增长知识和能力，更通过劳动为他人服务，满足他人需求，培养为社会创造价值的价值观和坚忍不拔的意志品质，满足并升华了劳动课的教学目标。

2．“植物种植”项目与科学教学的融合

本课程贯彻了小学《科学课程标准》的教学目标：①“测量、描述物体的特征”。在本课程中体现于对植物的生长观察和记录过程。②“初步了解植物体和动物体的主要组成部分，知道动植物的生命周期，初步了解动植物都能产生后代”。在本课程中体现于通过互联网自学相关信息，每个学生根据他人需要选择种植品种，掌握3个具体植物的生长规律，并在实践中经历播种、移栽、浇水施肥、开花、结果等环节，切身感受生命的成长。③“知道设计有一系列步骤，完成一项工程设计就要分工与合作，需要考虑很多因素，任何设计都受到一定的条件限制”。在本课程中体现于在“自学种植知识”的前期准备之后，通过“设计种植流程”和调整环节的设计自制杀虫剂得到了训练，并且还对“每个环节所面临的潜在风险”进行了训练。

本课程贯彻了江苏省科学教材的内容：①三年级上册：一单元“植物”、三单元“我们周围的材料”。在本课程中体现于植物种植中，涉及土壤、水、塑料洒水壶、陶瓷花盆、金属工具等多种材料。②三年级下册：一单元“植物生长”。在本课程中体现于3种植物的种植过程中，学习具体植物从“种子到结果”的生命周期。③四年级上册：一单元“天气”。在本课程中体现于学习和了解植物生长所需气候，恶劣气候对植物的不利影响及应对等方面。④四年级下册：二单元“新的生命”和三单元“食物”。在本课程中体现于通过互联网查阅收集相关信息，学习和了解辣椒和九层塔分别是中西餐中常见的配菜。⑤五年级下册三单元“时间和测量”。在本课程中体现于每天的田间管理中，定时对植物进行测量、观察、描绘植物的生长等情况，对于观察、描绘、统计、演讲、团队合作、风险应对等进行了系统训练。

本课程为学生搭建了新型学习平台和提升能力的阶梯，通过运用互联网查询信息，掌握运用信息化技术，训练跟踪学科发展、拓展眼界和知识的技能，训练在想象力基础上的设计创新能力，理论联系实际的能力，在团队合作交流的过程中实践并解决问题，避免了灌输式教学，为学生打下了科研的基础，埋下了探索求真的种子。

3．“植物种植”项目与语文教学的融合

语文是训练观察能力、表达能力、写作能力的重要学科。本课程结合了语文教材要求：①“能把握文章的主要内容，对不理解的地方提出疑问”。在本课程中体现于查阅互联网资料的过程中的大量阅读对阅读能力的训练。②“养成读书的习惯，乐于与同学交流”。在本课程中体现于让学生体会到学习知识的作用，知识可以通过劳动转化为价值；在团队合作和分享中体会到合作的价值；在为他人提供价值的过程中，自己锻炼了创造价值的能力、合作能力、发现问题和解决问题等多方面的能力，是利他又利己的实践性学习。③“乐于书面表达，写下自己的见闻、感受和想象”。在本课程中体现于每个阶段都有表格或其他文字书写的具有引导式的学习要求。这种文字表达既有通常语文写作训练对于情感表达和生活场景的描述，又有学习与生产相结合的观察、分析和设计描述的理工科的写作训练和素质培养，包括在“设计”和“风险识别与应对”阶段对想象力、创造力的训练。④“能清楚明白地讲述见闻，说出自己的感受和想法”。在本课程中体现于各个合作环节，以及综合展示阶段要求的演讲展示部分。⑤“能提出学习和生活中的问题，有目的地收集资料，共同讨论”。在本课程中体现于“自学”和“调整阶段”，训练学生通过互联网收集种植资料，针对性地分析和讨论如何将植物种植的信息设计为种植的操作流程。⑥“结合语文学习，观察大自然，在活动中学习语文，学会合作”。本课程的全过程都是围绕植物种植相关理论与种植实践的活动，对语文能力的综合训练贯穿始终，是很好的语文实践性教学训练平台。

而且，本课程也贯彻了四年级下册语文教材的内容：①在人民教育出版社语文教材中：一单元习作“我的乐园”、六单元习作“我学会了”。可以结合“植物种植”课程，将植物种植的种植大棚描写为“我的乐园”，将目标、自学、设计、风险管理、实施、调整、展示 7 个步骤，以亲身经历“我学会了种植辣椒”“我学会了自学”“我学会了团结合作”“我学会了坚忍不拔”“我学会了演讲表达”等作为素材，完成习作描写。②在江苏省语文教材中：培养良好的学习习惯“写日记”、三单元习作“生活中的新发现”、四单元习作“植物王国里的奥秘”、五单元习作“做一次教师”。可以结合“植物种植”课程，将观察与记录写成“种植日记”，将植物生长过程中的生长变化、病虫害等描写为“生活中的新发现”，将学到的任何关于植物的知识写入“植物王国里的奥秘”，将“展示阶段”的感受表达在“做一次教师”中。

4. “植物种植”项目与美术教学的融合

美术课标要求培养和提高学生的审美和艺术表达能力：①基于“通过观察、绘画、制作等方法表现所见所闻”的要求，本课程中通过绘制展报，将植物的生长和种植流程通过观察、绘画的方式表现出来，提高形象化的表达能力。②“结合语文、科学等学科内容，进行美术创作与展示，并发表创作意图”。在本课程中体现于植物种植源自科学学科，大量结合语文技能，丰富的实践素材让美术的表达与创作提升用画笔叙事的能力。而且，贯彻了四年级下册《美术》教材的内容：一单元的“植物写生”，本课程体现在发芽、生长、开花、结果4个关键节点的连续写生，学习有趣而效率高。

5. “植物种植”项目与信息技术教学的融合

本课程在自学和调整环节，两次目标明确地集中训练了信息技术及其运用，实现了培养学生“感受生活中的信息，认识到信息对生活和学习的重要性”；“了解信息的获取、传递、处理、表达等过程”；“初步形成善于发现信息、主动获取信息、积极参与信息活动的意识”。

6. “植物种植”项目与数学教学的融合

针对小学四年级《数学》教材中要求的提供情境化学习场景，本课程实现了：①“经历数据收集、整理和分析的过程”，学生通过每天定时观察植物生长，收集数据，整理和分析植物的发芽率、移栽成活率、开花结果率，甚至生长速度等各个环节的观察、参数测量，掌握动态过程，并满足要求。②“运用数学知识和方法解决问题的过程中，认识数学的价值”，学生通过对植物生长过程中各个环节的观察、参数测量等数据收集和分析，成为将来调整种植技术的依据。将种植流程作为直接经验积累，获得的种植技术经过总结提炼将产生新的认识和知识。

而且，本课程也贯彻了江苏省四年级《数学》教材的内容：①四年级上册：6单元“观察物体”、9单元“统计与可能性”，学生将观察植物与统计生长的动态数据相结合。②四年级下册：5单元“解决问题的策略”、8单元“数字与信息”，学生结合统计的方法、采集的数据类别进行研究，并指导来年的栽种。

7．“植物种植”项目与道德与法制教学的融合

本课程贯彻江苏省《道德与生活课程标准》的要求，“引导儿童热爱生活、学会关心、积极探究是课程的核心”，将“热爱自然、喜欢动手动脑、乐于想象与创造、可以参加劳动和有意义的活动、具有初步的探究能力、初步了解自然常识、体验提出问题、探究或接近问题、学习调查研究的方法并尝试应用”。在本课程中体现于通过观察和满足他人的需求，学会关心他人；通过目标、自学、设计、风险管理、实施、调整、展示等实践活动，满足课标要求。

而且，本课程也贯彻了人民教育出版社的《道德与法治》教材的内容：四年级下册“我们的衣食之源”单元，要求了解农作物的生长过程和耕种工作的艰辛。学生在本课程中完整体验了植物从种子到果实的生长全过程，长期坚持浇水施肥的田间管理，反复查阅资料学习相关知识，不仅强化了教材学习，而且在教学实践活动中，体会到种植植物、农业劳动和农民的不易，懂得珍惜食物、尊重他人劳动成果，为他人创造价值并满足需要，自身也得到了成长。

8．“植物种植”项目课程总结

以项目管理流程化学习模式开展的植物种植项目，是在贯彻落实课标要求和教材内容的基础上，以植物种植为手段，融合科学、语文、美术、信息技术、劳动、数学、道德与法治等课程内容，利用科学（6课时）、美术（4课时）、信息技术（3课时）、语文（2课时）、数学（1课时）和劳动课程（3课时），在19学时内完成。最终实现了植物种植实践活动课程作为跨学科教学平台对多个学科教学的支撑作用，在促进教材知识的学习、深化和灵活运用的同时，以结构化、流程化的形式，将实践教学指向创新能力和综合素养培养，易于复制和推广。

第二节 “生态沙盘”项目

一、“生态沙盘”项目课程设计

生态圈和地形地貌是科学五年级教材中的重要部分，“生态沙盘”项目依据教材内容和课标要求内容进行设计。课程引导学生通过制作生态沙盘，自学生态圈和地形地貌知识，设计沙盘并将其制作出来。最终向其他同学介绍自然知识，为教师提供科学教具，帮助学校宣传，甚至为自然博物馆提供展品道具等潜在需求，并且锻炼了查阅资料、设计规划、动手实践、持续调整、总结展示、宣讲等能力。

1. 课程目标

用教材内容训练创新技能。“生态沙盘”项目选自小学科学五年级上册教材“生物与环境”和“地球表面及其变化”两单元内容，并且针对《品德与社会课程标准》中“我们的国家”和“我们共同的世界”部分关于“了解我国不同地区自然环境的差异”“知道我国是一个拥有许多名山大川和名胜古迹的国家”“知道世界的大洲、大洋的位置”“初步了解世界自然与文化遗产”等目标，进行重新整合和创新性设计，融入项目管理流程化学习——实践活动，利用科学、美术、信息技术、语文、劳动课堂进行跨学科教学，让学生换一种方式学习教材内容，训练学生利用互联网查询、自行设计和制作，将知识学习、行为训练、能力提升和品格培养纳入同一教学过程，促进学生全面发展，实现自己设计制作模型的目标，培养既为他人创造价值又为自己学习知识、提高技能的合作共赢理念，落实《小学科学课程标准》要求培养多方面能力的目标。

课程针对小学五年级的学生进行教学，其已具备了基本的阅读、观察、记录、写作、绘图和动手能力，可以满足设计和制作“生态沙盘”课程所需要的能力要求，具有融合各相关学科知识进行设计创新的基础。

2. 教学环节

课程“生态沙盘”项目，包括立目标、自学、设计、风险识别、实施、调整、展示，共 7 个环节，利用科学、美术、信息技术、语文、劳动课堂，20 课时完成（详见表3–12）。

表3–12 “生态沙盘”项目课程安排表

学习环节	所在页面	科学	美术	信息技术	语文	劳动	各阶段课时
1. 目标		1					1
2. 自学				2			2
3. 设计			1				1
4. 风险管理		1					1
5. 实施		2	4			2	8
6. 调整		1	1	1		1	4
7. 展示		1			2		3
共计课时		6	6	3	2	3	20

注：在排课时，需要根据各学校具体情况和相关规定安排、调整课时。

3. 课程准备

为了确保“生态沙盘”项目课程顺利开展，教师需要事先对课程设计和相关内容深入理解，并做好如下准备。

（1）设计。提前进行多个版本的沙盘设计，考虑不同的沙盘制作流程，对其流程存在的风险进行识别。同时需要提前设计相关表格，使之成为学习的“脚手架”，以训练学生主动学习的能力。

（2）课时。针对不同环节，与相关学科的教师做好沟通、安排好课时。比如在“自学”环节，可由科学教师利用信息技术课堂，指导信息收集和整理阅读的训练；在“实施”环节由劳动或美术教师指导学生设计绘图、模型制作。

（3）教室。“生态沙盘”项目需要准备：①有投影仪的普通教室；②让学生通过互联网查阅相关资料的信息技术教室；③让学生完成制作的实验室。

（4）工具与环境。“生态沙盘”项目需要的工具包括美工刀、胶水、硬纸板、超轻黏土、小竹棍、纸箱等。还需要准备一个专用文件袋，训练学生逐步养成收集、整理和保管资料的能力。在课堂管理时，需要教师判断识别项目中直接和潜在的风险。需要特别注意使用美工刀的规范和纪律，以防误伤，严禁嬉戏打闹。

二、“生态沙盘”项目课程实施

（一）生态沙盘项目——“立目标”环节

1. 课时与教室

1课时（科学课），在普通教室完成。

2. 教学目标

（1）知识目标：①学习五年级上册科学教材与生态圈和地形地貌知识内容；②理解生态沙盘展现的是局部的地理地貌和生态圈，可以为同学提供学习模型、为教师提供教具、为学校进行宣传，甚至为博物馆提供展品。

（2）技能目标：①价值规划：对自己，通过“生态沙盘”项目训练多项技能，包括观察他人需求、规划工作目标和进度、用互联网查询资料、设计、风险识别、动手实践、发现问题并解决问题、口头或书面展示成果等能力；对他人，分析生态沙盘的价值，分析其对同学、教师、学校的价值，规划出“通过制作生态沙盘，满足谁的什么需求”的目标。②时间规划：9月初开启确立目标；9月底以前完成自学环节；10月中旬之前完成设计和风险识别；10月中下旬开始制作沙盘；11月底以前完成沙盘的大部分制作和调整环节；12月底以前完成收尾和展示环节，完成项目。

（3）情感与态度目标：传统教学目标由教师制定，学生只是被动学习。“生态沙盘”项目的立目标环节学习生态圈和地形地貌的相关知识，训练价值规划和时间规划的主动学习技能，并通过劳动为同学、教师、学校甚至博物馆提供学习、教学、宣传等价值。不仅使自身学习成长，还要以满足他人需求为目标，从而为其确立未来创新工作的目标，奠定“合作共赢”“创造价值”的工作态度和社会主义核心价值观。

从课标角度看，“立目标”环节的目标符合《思想政治课程标准》对“能够对个人成长、社会进步、国家发展和人类文明做出正确的价值判断和行为选择”的要求。

3. 教学重点和难点

（1）教学重点：“生态沙盘”项目的立目标环节要求学生可以通过主动学习与劳动，去满足同学、教师、学校甚至博物馆对学习、教学、宣传的需求。引导学生确定项目的起止时间、规划项目流程和进度，培养规划工作目标和进程的能力。通过目标表的填写，明确“生态沙盘”项目对他人的好处，培养观察他人需求的习惯和利他主义精神，将“合作共赢”“创造价值”的观念运用到学习和工作中。

（2）教学难点：许多学生在现代教育模式中，已经培养起“占据资源”的思维方式，很容易在提到“满足他人需求”或“为他人创造价值”时，第一反应就是能不能“换取报酬”。正好抓住这个机会，针对“权利与责任对应”“收入与贡献平衡”进行说明和解释，让学生从“获取资源”的功利心态转向“通过满足他人需求实现自我价值”的社会主义思维方式。

4. 教学方法和手段

以教师讲解的方式为主，穿插讨论互动，通过填写目标表和 PPT、视频等多媒体手段开展教学。

5. 课前准备

提前通过“联合国教科文组织”网站，查询“文物名录”，选好若干个备选地点，比如，美国黄石公园、美国大峡谷、俄罗斯弗兰格尔岛、日本小笠原群岛、中国四川大熊猫栖息地、中国九寨沟、中国云南三江并流等。或者通过“中国文化和旅游部”网站选择，查询“5A 景区”的旅游名录，比如，北京八达岭—慕田峪长城旅游区、忻州市五台山风景名胜区、内蒙古自治区阿拉善盟胡杨林旅游区、长白山景区、苏州市吴中太湖旅游区、黄山市黄山风景区、桂林市漓江景区、昆明市石林风景区、新疆天山天池风景名胜区、青海省青海湖景区、四川卧龙自然保护区、日喀则扎什伦布寺景区等，并准备目标表（见表 3–13）。

6. 教学过程

“立目标”环节 1 节科学课，内容：介绍“生态沙盘”项目课程并介绍课堂纪律。

（1）课堂导入（8 分钟）。

向学生介绍本学期将开展“生态沙盘”项目。课程将以跨学科实践活动的教学模式开展，对课堂纪律要求高，需要学生共同遵守课堂纪律，包括：

① 回座位指令：教师倒数 10 下是要求同学们回到座位上。同学们在听到教师从 10 开始倒数时，要放下手中的工作，安静地回到座位上。倒数 10

表 3–13 “生态沙盘”项目课程目标表

学生姓名：	日期：	指导教师：
项目名称：“某个地点的生态沙盘项目”（比如，四川卧龙自然保护区）		
项目描述： （参考答案：为了满足同学学习自然知识、教师的教具、学校的宣传需要，自学制作生态沙盘，准备相关材料，通过一系列劳动和若干次调整，制作出所需的生态沙盘）		
所需课时：25 节课		
生态沙盘价值描述：（参考答案：展示教育）		
对自己的价值： （参考答案：1. 学习“地形地貌”和“生态圈”的相关知识；2. 通过查资料、设计地形、动手制作和展示，培养自己自学能力、设计能力、合作能力、解决问题能力和公众表达能力）		
对他人的价值： （参考答案：1. 让其他班级或年级的同学了解世界各地的地形地貌和动植物知识；2. 为教师制作用于地理和生物圈的教具；3. 帮助学校对外宣传展示）		
本项目遇到困难可能提供帮助的人：		
备注：		

注意：学生在未经历整个流程的情况下无法确切理解“价值规划”和“时间规划”的概念，需要教师指导和提示进行规划实践。在经历过多次完整的学习流程之后，可由学生自主规划。

下就是给学生的一个听到指令后的缓冲。当倒数到 6 时，所有人都应该放下手里的东西；当倒数到 1 时，应该已经在座位上安静地坐好。

② 安静指令：教师倒数 5 下是要求同学们安静听讲。同学们在听到教师从 5 开始倒数时，只要在原地安静下来，并停下手里的工作。

③ 任务指令：教师先倒数 10、9，教室开始从嘈杂变得安静，然后讲出需要完成某个任务，继续倒数，这一指令要求同学们在倒数至 1 之前完成该任务。比如，①“10、9，请大家在老师数到 1 之前，到门口排好队，8、7、6…”；②“10、9，请大家在老师数到 1 之前，将桌上的垃圾收拾干净，8、7、6…”；③“10、9，请大家在老师数到 1 之前，将所有工具分别整齐地放到后面红色和蓝色的盒子里，8、7、6…”

④ 当有同学明显违犯课堂纪律，或在倒数 10 秒时不按要求操作，则会被叫到讲台前面来站一段时间，作为提醒。依情节轻重，需要站 30 秒、30 秒 ~2 分钟、2~5 分钟不等。如果出现比较严重的违犯纪律，特别是用工具或药品等打闹之类的有安全隐患的行为，则需要暂停至少 1 节课，并通知家长。

以上规则依据2020年12月23日生效的《中小学教育惩戒规则（试行）》"教育部令第49号"。

"倒数 + 目标 + 规则"是维持课堂纪律的一种简单有效的方式，对实践性课堂尤为重要。

（2）介绍项目（2分钟）。

① 向学生介绍项目案例：为满足运输需求的港口项目、为满足居住需求的建筑项目、为满足娱乐需求的游乐场项目、为满足饮食需求的农业项目、为满足通信需求的手机软件项目等。

② 向学生介绍项目的定义：项目是一项有时间阶段的从无到有、满足他人需求的创造性工作。

（3）生态沙盘的价值（5分钟）。

引导分析生态沙盘的价值，提问：生态沙盘有什么用？可满足身边人的哪些需求？可以产生哪些价值？让学生讨论一下，再讲（引导学生得出类似结论：可以让其他同学了解世界各地地理和生态知识、可以为教师提供教具、可以为学校做宣传，还有潜力为自然博物馆做展品）。

（4）生态沙盘项目（25分钟）

教师带领学生开启生态沙盘项目：①分发目标表；②将学生分为4人一组；③每组学生在教师提供的几个地理位置中，任意选择1个地理位置作为制作生态沙盘模型的目标；④填写目标表。明确将通过立目标、自学、设计、风险识别、实践、调整、展示7个环节完成项目。

（5）课后作业。

完善目标表。次日教师批阅并做好过程性评价。

（二）生态沙盘项目——"自学"环节

1. 课时与教室

2课时（信息技术），在信息技术教室完成。

2. 教学目标

（1）知识目标：①学习教材关于"地形地貌"的相关知识。识别特定地点的平原和盆地、山丘和峡谷、河流和湖泊、出海口和海岸线等地形地貌，地球内部运动与特定的地形地貌的关系、主要岩石的种类、大气环境的特点和大气环境对特定地形地貌的影响等内容。②学习教材关于“生态圈”的相关知识。在特定地形地貌和气候环境中，生长的植物、昆虫、鱼类、爬行动物、鸟类和哺乳动物等。③学习“模型制作”的相关知识。现有模型在制作时，常用的材料、工具、方法等。

（2）技能目标：①培养操作技能：需要针对“生态沙盘”项目设定查询的问题；提炼潜在关键词，以便在互联网搜索中进行相关信息的查询和收集；在大量网页中，通过阅读和分析，选取有效信息；归纳记录信息成为推动项目的知识并做记录；在有效信息中进一步提炼关键词，推动深层信息的挖掘，逐步实现信息的完整性。规范记录和引用信息。②培养心智技能：在“生态沙盘”项目中，需要从科学、技术、工艺三方面进行学习，才能较为全面地理解生态圈、地形地貌和模型制作的相关知识。

（3）情感与态度目标：让学生通过互联网自主学习，体会自学带来的收获和成就感，激发学生自主学习热情。

从课标角度看，自学环节的目标符合《语文课程标准》对“着重培养学生的语文实践能力”“鼓励自主阅读”“激发学生的问题意识和进取精神”“积极倡导自主、合作、探究的学习方式”的要求；符合《科学课程标准》对“通过查阅资料收集信息、处理信息”的要求。

3. 教学重点和难点

（1）教学重点：学习“地形地貌”“生态圈”“模型制作”的相关知识，并以相关知识为载体，训练提问、查询、阅读、归纳提炼等自主学习的多项技能；让学生在实践中树立起通过自身能动性学习的观念。

（2）教学难点：训练学生提问、查询、阅读、归纳提炼等自主学习的多项技能，需要借助表格作为框架和引导，通过完成表格进行练习，教师需要针对提炼关键词、查询关键信息进行指导。

4. 教学方法和手段

通过课前准备的自学表和课堂指导，训练学生通过互联网进行自主学习。教师在这一阶段应尽量避免讲解具体的生态沙盘相关知识，应将训练学生对“自主学习”的提问、查询信息、阅读、提炼等多项技能的学习和运用作为重点。

5. 课前准备

教师需要准备自学表（见表 3–14），储备相关地理和自然知识，准备信息技术教室。

表 3–14 “生态沙盘”项目课程自学表

学生姓名：	日期：	指导教师：	信息来源
地形地貌	地名：		
	江、河、湖、海：		
	平原、丘陵或草原、峡谷：		
	典型地标：		
生态圈——动物	名称；成年后高度、体重、颜色；食物、天敌、寿命		
	陆生动物：		
	水生动物：		
	鸟类、昆虫：		
	典型动物：		
生态圈——植物	名称；生长地，成年高度，形态，何种动物的食物，生长期		
	乔木：		
	灌木：		
	花草：		
	水生植物：		
	典型植物：		
气候	年降水量：		
	年平均气温：		
	夏季平均气温、冬季平均气温：		
	全年日照天数：		
	常见自然灾害：		
备注：			

6. 教学过程

用 2 节信息技术课，借助互联网和表格进行自学。

（1）“自学”环节第 1 节课，信息技术课堂。

进行生态沙盘项目的自学。

① 课堂导入（5 分钟）。

在满足他人需求的生态沙盘目标的基础上，通过完成自学表对生态沙盘项目进行自学（分发自学表，要求学生与目标表夹在一起，妥善保管）。

② 开始自学（35 分钟）。

a. 打开电脑的浏览器，登录搜索引擎（百度或 360 搜索等）。

b. 依据目标表、自学表内容开始查询资料。

c. 很快会有学生反映查不到资料或不知道怎么查。建议教师在 5 分钟后，用“倒数 10 秒”的规则，让全班安静下来进行讲解（这 5 分钟时间可以积累学生对查资料方法的饥饿感）。

d. 指导查资料。有很多学生对查资料有疑问，不知道怎样才能查到需要的信息。需要告诉学生资料查询的“方法 1”：在查找“地形地貌”时，大部分情况输入“地点”名称就可以进行查询，比如，“美国黄石公园”“美国大峡谷”“俄罗斯弗兰格尔岛”“日本小笠原群岛”“中国四川大熊猫栖息地”等。在查找“动植物”时，需要将具体地点扩展为一个地区进行查询，如“四川卧龙自然保护区”，需要输入搜索的关键词应当改为其地区，也是“四川的动物”或“西南横断山区的动物”，而非“卧龙的野生动物”。而“野生动物”也可由相关近义词替代，比如，“保护动物”“濒危动物”等。让学生依照以上方式继续查询。其间不停有同学遇到问题，可逐一进行指导和帮助。

e. 在 10~15 分钟后，再次让全班安静。介绍查资料的“方法 2”：指导学生在查到有效信息时，从有效信息中再挑选有价值的关键词；再用这第二层的关键词搜索资料，扩展有效信息，再挑选第三层有价值的关键词。以此类推。

上述方法 1，类似于提前准备好几把钥匙（关键词）去开一扇门（知识点）。

而方法 2，类似于在打开一扇门（知识点）走进房间后，从房间里寻找开启下一扇门的钥匙（关键词）。以此类推。

方法 1 和方法 2，是互补的信息查询方法。在之后的自学过程中，根据学生遇到的具体情况反复介绍这两种方法。其查阅的信息也许并不准确，但核心是训练学生学习和掌握查询信息的方法。

（2）“自学”环节第 2 节课，信息技术课堂。

① 继续自学（40 分钟）。

让学生继续查询资料，有疑问随时问教师。教师在遇到运用“方法 1”和“方法 2”的典型问题时，均可“倒数 10 秒”叫停全班并进行案例讲解。通常在两节课的自学过程中，叫停讲解 4 次左右，学生可初步掌握关键词查资料的自学技能。

② 课后作业。

复习课堂所学知识，整理并完成自学表内容。次日教师批阅并做好过程性评价。

（三）生态沙盘项目——“设计”环节

1. 课时与教室

1 课时（美术课），在普通教室完成。

2. 教学目标

（1）知识目标：学习“设计”相关知识，包括语言、技术、标准三大类设计领域。

（2）技能目标：①操作技能：练习设计所需要的绘图技能和流程规划技能。②心智技能：开始设计之前，需要理解“生态沙盘”项目涉及的科学、技术、工艺、材料，再次分析他人需求；设计能力是在想象力基础上发展而来的提高生产力和生活水平的能力，未来创新工作的核心就是想象力和设计能力，而非照抄照搬。

（3）情感与态度目标：“生态沙盘”项目 在具体情景中培养学生的设计能力，培养创新意识。

从课标角度看，设计环节的目标符合《美术课程标准》对“进行符合使用功能与审美要求的创意构想，并绘制草图、模型等予以呈现”的要求；符合《科学课程标准》对“能基于所学知识，设计比较完整的探究计划”的要求。

3. 教学重点和难点

（1)教学重点：用较短时间分别对语言、技术、标准三大类设计进行介绍，用浅显易懂的举例加以说明。

（2）教学难点：理解“人类社会的进步源于对自然界的认识、重新设计和改造”。

4. 教学方法和手段

通过案例讲解并穿插小组讨论，用PPT、视频等多媒体和学生实践完成“设计表”的手段开展教学。

5. 课前准备

准备“设计表”及相关案例并制作教学 PPT。

6. 教学过程

“设计”环节 1 节课，科学课堂。

（1）课堂导入（5 分钟）。

“走近设计”。简要列举语言、商品、协作模式等方面的设计案例，说明创新设计对人类进步至关重要，在认识并运用自然规律进行设计创新的过程中，推动人类文明和社会向前发展。主要的设计是语言设计、产品设计、标准设计等。让学生以小组为单位，讨论并列出身边的设计。

（2）设计介绍 1——语言的设计（7 分钟）。

设计是围绕人们的需求，基于想象力对科学、技术、工艺、美学进行重新组合创造的过程。人类的创新发明都是设计出来的。其中，语言就是人类不同民族各自设计的一套“暗号”。这套“暗号”的设计过程大致如下。

① 语言的发明。世界各国的语言中，代表“我”的词语非常多，比如，“我”在英语中是“I”，在法语中是“Moi”，在德语中是“I”，在意大利语中是“Io”，在俄语中是“я”，在拉丁语中是“Ego”，在越南语中是“Tôi”，在印尼语中是“Aku”等；“我”的读音也千变万化，在日语中是“私（读 wa da xi）”，在韩语中是“나（读 na）”等。这些都是各个国家的人在古代被隔绝的环境中，约定俗成设计出来的语言符号和发音体系。实际上任何由人组成的群体都可以发明自己的语言符号和发音，只要大家约定好了，明

白对方的意思就可以了。让学生以小组为单位，设计一个小组暗号。

② 语言的丰富和发展。让学生以语言被逐步创造出来的词语（新的科技名词和网络流行语）举例。鼓励学生用新词组去描述各种情况和感受。

（3）设计介绍 2——产品设计（8 分钟）。

人类通过设计，将石头和木棍组合制成打猎的武器；通过设计，将矿石冶炼并制造出耕地和烧饭的铁器；通过设计，将化石燃料与机器结合，制成蒸汽纺织机；通过设计，将更复杂的机器与电能结合，制造出具有计算能力的电子计算机等。凡是人类使用而自然界中不存在的物品，都是通过设计创造出来的。

让学生讨论身边的各类工具、用品，举一些例子。

产品设计。在设计产品时，需要进行绘图和功能介绍。教师以“铅笔”为例，将铅笔的产品介绍、正面图、侧面图和俯视图进行介绍和绘制。

（4）设计介绍 3——流程和标准的设计（5 分钟）。

在有了语言和工具后，人类还需要设计生产中的流程和各种行为标准加以规范。

流程，是指在生产中各种行为的先后顺序。比如，在大家最熟悉的课堂上，每节课都有固定流程，包括导入、教授、练习、总结、作业 5 个环节；项目管理流程化学习——实践活动也有固定流程，包括目标、自学、设计、风险识别与应对、实施、调整、展示 7 个环节。固定流程在各行各业中大量存在。

标准，是一种在人们共识基础上的清单。它可以通过政府自上而下地发布，如法律、政策等，也可以通过民间交流自下而上地形成，如道德、文化等。一个固定的清单变成人们的共识后，标准就建立了。标准可以是行为清单、流程清单、规则清单、价值观清单、考核清单等不同形式。

（5）课堂练习（15 分钟）。

① 以小组为单位，设计一句组员之间可以听懂的发音和符号，形成属于自己小组的“暗号”（3 分钟）。

② 选择一种身边重要或有趣的设计（如文具、电器、工具等），绘制正面图、侧面图、俯视图，并写出产品介绍。

③ 设计一种仪式，可以在睡觉前、吃饭后尝试进行。

（6）课后作业。

①针对语言设计，运用各小组的“暗号”；②针对产品设计，绘制一个物品的正面图、侧面图和俯视图；③针对流程设计，询问一名流水线上的工人或其他任何行业的从业者，他在工作中最常用的“工作流程”，并做记录。次日教师批阅并做好过程性评价。

（四）生态沙盘项目——“设计”与“风险识别与应对”环节

1. 课时与教室

1 课时（科学课），在普通教室完成。

2. 教学目标

（1）知识目标：在上节课学习设计的基础上，通过对“生态沙盘”项目的设计与理解，进行流程设计，同时学习“风险识别与应对”的基本知识和技能。

（2）技能目标：①操作技能：学习并掌握设计所需要的绘图技能；学习并掌握设计所需的流程规划技能；基于流程规划和想象力，识别与管理风险，包括时间、安全、质量、团队和资金等方面潜在的风险。②心智技能：开始设计之前，需要理解“生态沙盘”项目涉及的科学、技术、工艺、材料，再次分析他人需求；设计能力是在想象力基础上发展而来的提高生产力和生活水平的能力，未来创新工作的核心就是发挥想象力和设计能力，而非照抄照搬；设计和风险识别，将知识应用于“生态沙盘”项目，是对想象力和创造力的训练，也是将现有知识从死记硬背升华到活学活用的关键；通过风险识别与应对，树立保持稳定可控的观念。因为稳定是创新和纠错的前提，识别和避免风险可以更好地确保项目的稳定可控和顺利推进。所以，需要引导学生分析“生态沙盘”项目可能出现的风险，包括工具使用威胁安全、工作周期超出预期、制作质量和效果无法保证、同学的协作出问题影响团结等多方面的风险。

（3）情感与态度目标：“生态沙盘”项目在具体的情景中可培养学生树立风险意识，既是为了提高项目的稳定性，也是为了提高个人学习、工作的稳定性，以及在社会协作中的社会稳定性，确保目标达成。

在课标中，“风险识别与应对”少有体现。但作为创新必不可少的能力，需要引起重视并在培养创新能力的教学中切实加强训练。

3. 教学重点和难点

（1）教学重点：培养学生设计创新、抵御风险的能力。将“生态沙盘”项目作为教学平台，训练设计所需要的绘图技能和流程规划（设计）技能，并基于此培养学生的风险识别与应对能力。训练设计所需要的绘图技能和流程规划（设计）技能，培养识别时间、安全、质量、团队和资金等多方面的风险并设计应对措施的能力。

（2）教学难点：风险识别是对未来可能发生的潜在危险的预判，正确的风险应对措施是在预判基础上形成并针对性地进行风险管控。这部分内容抽象且不易掌握，在教学实践中不仅需要教师利用各种机会反复讲解，更需要学生在实践持续的活动中反复体会。所以，风险意识应贯穿“生态沙盘”项目的始终。

4. 教学方法和手段

以“教师示范、学生模仿”为主要形式，并穿插小组讨论，指导学生填写设计表、风险表，用 PPT、视频等多媒体手段和学生实践手段开展教学。

5. 课前准备

（1）设计沙盘并规划制作流程：教师需要储备相关知识，准备生态沙盘设计表（见表 3–15）、风险表（见表 3–16）和信息技术教室。

（2）风险识别：基于制作过程，列出其风险。指导学生进行小组讨论，围绕安全、时间、质量、团结等因素，列出可能出现的风险。

6. 教学过程

“风险识别与应对”环节 1 节科学课。

（1）课堂导入（5 分钟）。

本节课进入“生态沙盘”项目的“设计”和“风险识别与应对”环节。分发设计表和风险表（要求学生将各种表格夹在一起整理好）。

（2）开始设计（25 分钟）。

让学生基于之前完成的自学表，填写设计表，对生态沙盘的流程进行规划：

① 将实际存在的高山峡谷、平原丘陵或有海岛填入表中，形成生态沙盘的地理位置和地形。

表 3-15 “生态沙盘”项目课程设计表

<table>
<tr><td colspan="2">姓名：</td><td>日期：</td><td>指导教师：</td></tr>
<tr><td>步骤</td><td colspan="3">各步骤的要求及所需物品</td></tr>
<tr><td>1. 绘制沙盘平面图</td><td colspan="3">依据所查资料，设计地形地貌，用绘图纸及绘图工具绘制</td></tr>
<tr><td>2. 制作地形</td><td colspan="3">（参考：将纸箱裁剪成合适形状，依照地形设计和等高线原理，将雪弗板裁剪为合适的大小并重叠，用胶水固定，形成地形。需要物品：雪弗板、纸箱、胶水、刻刀）</td></tr>
<tr><td>3. 制作地貌</td><td colspan="3">（参考：用适当颜色的超轻黏土覆盖地形表面，形成地貌。需要物品：各种颜色的超轻黏土）</td></tr>
<tr><td>4. 制作生态圈</td><td colspan="3">（参考：基于资料，用适当颜色的超轻黏土制作动物、植物等生物。需要物品：各种颜色的超轻黏土）</td></tr>
<tr><td>5. 制作江河湖海</td><td colspan="3">（参考：水晶滴胶混合的比例和方式，覆盖生态沙盘的方式和区域。需要物品：水晶滴胶 A、B；混合容器、搅拌工具）</td></tr>
<tr><td>6. 绘制沙盘背景</td><td colspan="3">（参考：用绘画表现沙盘远处的地表及天空，丰富和补充沙盘）</td></tr>
<tr><td colspan="4">备注：</td></tr>
</table>

表 3–16 “生态沙盘”项目课程风险表

学生姓名：	日期：	指导教师：
步骤	分析潜在风险	设计应对措施
1. 设计平面图	（参考：设计内容与实际不符）	（参考：核对设计内容）
2. 制作地形	（参考：刻刀、胶水的使用）	（参考：刻刀：正确拿握，使用雪弗板；胶水：戴手套和护目镜）
3. 制作地貌	（参考：黏土的浪费）	（参考：取用黏土尽快放回密封袋中；多余黏土放入单独密封袋）
4. 制作江河湖海	（参考：接触皮肤，溅出伤人，水晶滴胶漏出或污染非目标区域）	（参考：戴手套，严禁打闹，事先用黏土封好目标区域，操作仔细）
5. 绘制沙盘背景，标明沙盘信息	（参考：绘制背景或介绍的信息，与沙盘内容有冲突）	（参考：核查自学时查询的互联网信息）
6. 团队协作	（参考：同学间团结协作出问题）	（参考：认真对待，及时沟通）
7. 按时完成	（参考：以上易出问题的环节失控）	（参考：严格控制各类风险）
备注：		

② 设计沙盘的具体布局，山谷、河流、森林、草原、动植物及其分布的具体位置等，形成生态沙盘的地貌和生态圈。

③ 介绍制作需要用泡沫板将高出的地形一层层叠加起来。引导学生设想“有一条河的平原”“高山”“悬崖”这三种地形堆叠雪弗板的方式。之后，拿出这三种地形的模型，再拿出“高山”演变成的“小岛”和由“有一条河的平原”+“悬崖”演变成的“瀑布”的地形模型，在让学生直接观察的基础上，讲解等高线的概念及其在沙盘制作中的应用。

④ 引导学生在脑海中以时间顺序想象制作生态沙盘的流程，即规划出地形、地貌、植物、动物的制作流程。然后进行物品筛选、制作流程设计，继续完成设计表。

注意：设计内容和典型的标志性对象的选取很重要，避免过于繁复又非典型，影响效果和完成时间。

（3）风险识别（10 分钟）。

让学生在自学表和设计表的基础上，对“生态沙盘”制作过程的潜在风险逐一分析，讨论并填写风险表。

① 制作过程的技术难点，如何解决和避免其造成的风险。

② 分析将要使用的胶水、刻刀、剪刀工具是否有伤害身体和环境的风险，如何在使用中避免这些风险；分析使用完的材料废物如何处理，避免破坏环境的风险。

③ 是否会出现无法按时完成“生态沙盘制作项目”的情况？哪些环节容易造成超时？哪些是引起超时等时间风险的潜在因素？如何避免？

④ 分析团队成员有哪些优缺点，如何针对性地分配任务充分发挥每个成员的优点，提高效率和增强团队凝聚力，如何避免矛盾并解决团队协作等风险。

（4）课后作业。

完善生态沙盘项目的设计表和风险表。次日教师批阅并做好过程性评价。

（五）生态沙盘项目——“实施”环节

1. 课时与教室

8 课时（科学 2 课时、美术 4 课时和劳动 2 课时），在实验室或工作室完成。

2. 教学目标

（1）知识目标：①进一步学习和巩固地理、生态及材料；②学习制作工具的使用知识，在实践活动中运用。

（2）技能目标：①操作技能：学习胶水、雪弗板、超轻黏土、卡纸、美工刀等工具的使用；模型制作的技能。②心智技能：学习设计与制作相结合的技能；在项目过程中依据设计实施项目，随时对风险进行预判、识别并采取应对措施；培养团队交流、团队协作的技能。

（3）情感与态度目标：“生态沙盘”项目在具体的情景中培养学生的动手能力和理论联系实际的能力，培养学生乐于在劳动实践中创新的态度和团队意识。

从课标角度看，“实施”环节的目标符合《品德与生活课程标准》对“动手动脑、有创意地生活”“制作玩具、礼物、道具、模型”的要求，符合科学、美术、信息技术、语文等多学科课标中对“学以致用”的要求。

从“劳动教育”角度看，“生态沙盘”项目的实施环节是劳动教育在教学中的具体贯彻和落实，践行了《关于全面加强新时代大中小学劳动教育的意见》中对“有计划地组织学生参加日常生活劳动、生产劳动和服务性劳动，让学生动手实践、出力流汗，接受锻炼、磨炼意志，培养学生正确劳动价值观和良好劳动品质”的要求。

3. 教学重点和难点

（1）教学重点：打破传统课堂让学生单向吸收记忆学科知识的模式，通过“生态沙盘”项目的实施环节，进一步巩固地理及生态知识、材料性质和工具使用的相关知识；在制作生态沙盘的实践活动中，让学生动手验证自己的设计，并培养防范风险的意识，养成劳动观念和热爱劳动的习惯。

（2）教学难点：①纪律：活动课程对教师课堂纪律的把控提出了极高的要求，“倒数 10 秒”配合简单、明确、有效的课堂规则，需要反复使用，促进学生配合并形成良好的课堂纪律；②风险：实施过程将用到许多工具是潜在的风险，需要教师进行风险识别与应对的指导并强化；③解决问题：沙盘的设计方案与制作效果多少会有区别，以此为契机训练学生发现问题、思考解决方案的能力。

4. 教学方法与手段

教师提前准备好制作生态沙盘需要的材料、工具，以学生动手制作、小组协作的形式为主开展教学，穿插教师的指导，通过提供劳动场景和劳动目标培养学生动手能力。

5. 课前准备

（1）对课堂纪律进行设计和不断优化，确保安全。由于课堂教学是以学生小组的团队合作形式进行手工制作实践活动，维持课堂纪律是不小的挑战，关乎学生安全，需要高度重视和严格管理。

（2）材料：纸箱、胶水、雪弗板、超轻黏土、密封袋、卡纸、美工刀和统计记录表（见表 3–17）。

6. 教学过程

在自学、设计和风险识别的基础上，动手制作生态沙盘。按照以下顺序在 8 课时内完成教学：

第 1 节劳动课：用纸箱、雪弗板、胶水、美工刀等物品，结合等高线地图，完成由纸箱、雪弗板构成的地形基底制作。

第 2 节美术课：用各色超轻黏土制作地表。

第 3、4 节美术课、第 5 节劳动课：用各色黏土完成制作由各种植物、

表 3-17 “生态沙盘”项目课程统计记录表

学生姓名：		开始制作日期：	指导教师：
环节及工作内容	工作进展	达到效果	完成时间
1. 纸箱准备			
2. 雪弗板基底准备			
3. 等高线确定			
4. 轻质黏土制作地表			
5. 轻质黏土制作生态圈			
6. 水晶滴胶制作江河湖海			
发现问题及处理			
环节	问题	处理方法、结果记录	信息来源
			网址：
……			
备注：			

动物组成的生态圈。

第 6 节科学课：用透明的胶制作完成江河湖海的水系。

第 7 节科学课、第 8 节美术课：用卡纸和各色绘画笔绘制完成沙盘背景。

（1）实施环节第 1 节课，制作地形基底，劳动课堂。

介绍各种工具和材料，强调课堂纪律、保证安全，并让学生在前期目标、自学、设计和风险识别基础上，用纸箱、雪弗板、胶水、美工刀等物品，依据设计图制作地形基底。

①课堂导入（3 分钟）。

介绍实验室摆放的各种工具和材料，包括纸箱、雪弗板、胶水、美工刀等，然后让学生以小组为单位轮流拿取材料。教师强调纪律：请第一组同学有序地拿好所有材料回到自己的座位坐好后，教师再叫下一组，以此类推。在其他小组拿取物品时，在座位上的学生回顾、复习目标表、自学表、设计表和风险表，分发统计记录表（让学生把各类表格夹在一起）。

②取材料（5 分钟）。

让第一组学生去取材料，倒数“10、9、8…”如果有学生说话，教师迅速点名：某同学和某同学站到指定位置 30 秒（时间到后让其回座位），如果是第二次犯则延长到 2 分钟，并提醒下次犯规会继续增加时间。

③ 实施（33 分钟）。

a. 在所有小组都拿到工具和材料后，让学生小组各自进行沙盘基底的制作，23 分钟。教师主要负责维持课堂秩序，保障活动安全，拍照记录和回答学生的疑问。

b. 将沙盘放到贮藏室架子上并整理实验室，2 分钟。

c. 填写统计记录表，8 分钟。

④ 课后作业。

将沙盘基底的制作过程与设计的流程进行对比，结合立目标、自学环节，写一篇记录制作过程的小作文，次日教师批阅并做好过程性评价。

（2）“实施”环节第 2 节课，制作地表，美术课堂。

用各种颜色的超轻黏土制作地表。

① 课堂导入（2 分钟）。

本节课将采用超轻黏土在基底上制作地表。让学生注意实验室分类集中放置的黏土摆放的位置。黏土旁边的小空密封袋是用来储存各小组没用完的黏土的，方便下次使用并避免浪费。

开始从 10 倒数，让第一组同学有序地拿好所有材料，并在倒数结束前回到自己的座位坐好。然后再叫下一组。在其他小组拿取物品时，要求学生在座位上回顾夹在一起的目标表、自学表、设计表、风险表和统计记录表。

② 取材料（5 分钟）。

在教师的倒数声中，让各组学生有序取材料。教师可以在倒数中间提醒学生不要一次拿太多；回到座位后的学生可以先将黏土用小密封袋装好。

③ 颜色组合练习（8 分钟）。

让学生取出黄豆大小的任意 3 种颜色，将其糅合在一起，边揉边观察黏土的颜色变化，先揉 5 秒钟看看，“5、4…1，停”；我们一起观察一下黏土的颜色变化；再继续揉 5 秒钟，发现 3 种颜色的黏土逐渐变为融合的单一颜色（如果有同学没有按指令操作，则可以立刻点名制止：某同学和某同学没有按指令操作，现在放下黏土到后面暂停 30 秒作为提醒。同时提醒所有同学随时听教师的指令……反复训练学生听指令，才能确保活动课程的纪律）。

做这个练习的意义：①自然界中很少有单一色，多数情况下都是几种颜色的混合色。让学生混合多种颜色，体会常见的土地和植物颜色，也是地表的常见颜色。②强调节约，多余的空密封袋放回原处，不浪费。③严格训练学生遵守纪律，保证安全，提高课程质量。

④ 实施（25 分钟）。

各小组在 20 分钟以内，用黏土制作地表。教师主要负责维持课堂秩序，保障活动安全，拍照记录和回答学生的疑问。

在下课前 5 分钟，用倒数 10 下的方式要求学生将沙盘放到贮藏架上，整理桌上物品，特别是将未使用的黏土放到密封袋中，以便将来继续使用。并做好卫生。

⑤ 课后作业。

课后观察自然界的各种颜色，写下它们是由哪些颜色混合形成的，次日教师批阅并做好过程性评价。

（3）“实施”环节第 3、4、5 节课，制作生态圈，2 节美术课堂、1 节劳动课堂。

用黏土制作各种植物和动物，逐步制作构成生态圈。

① 课堂导入（2 分钟）。

在完成了地貌的制作后，这节课需要学生运用自学阶段获得的动物和植物及其分布等知识，用超轻黏土制作生态圈。

② 实施（118 分钟）。

a. 让学生依照之前拿取黏土的要求，开始制作动物、植物。有问题举手问教师。

b. 提醒学生，下节课将用可固化的透明液体水晶滴胶制作沙盘中的水系——江河湖海。要用黏土堵住任何可能漏液体的部位，以防水晶滴胶固化前渗漏而破坏沙盘。

c. 每节课下课前 5 分钟，用倒数 10 下的方式要求学生将桌面整理干净、物品放置好。继续强调：将未使用的黏土放到密封袋中，以便将来继续使用；下课前最后 2 分钟，全班排队将沙盘放到贮藏架上。

③课后作业。

根据课堂情况，填写统计记录表。次日教师批阅并做好过程性评价。

（4）实施环节第 6 节课，制作江河湖海，科学课堂。

用水晶滴胶在沙盘上制作江河湖海。

① 课堂导入（5 分钟）。

介绍实验室集中分类摆放的各种工具和材料，包括配制水晶滴胶的 AB 两种液体的瓶子、一些容器、吸管、手套等。让各组学生依次按顺序去取所需材料，回到自己的座位坐好。在其他小组拿取物品时，让学生小组将废报纸打开、平铺两层，保护桌面。

② 制作演示（10 分钟）。

a. 在所有小组都拿到了工具和材料后，教师一边讲解一边演示制备水晶滴胶。

b. 水晶滴胶的制备方法并不难，就是按照 1∶2 的比例将 A 和 B 两种液体混合后，倒入所需位置。透明液体经过 2 天的静置后，会变为透明的固体，显示为生态沙盘的江河湖海。

c. 要求学生在风险表的空白处，记下水晶滴胶制作的风险：有轻微腐蚀性，要避免弄到手上和衣服上，并戴上手套操作；一旦固化很难清理，要避免污染桌面、地面。操作中应高度重视。

d. 教师戴手套演示操作，步骤：分别提取 A 和 B 两种液体，其中，取 A 液体 20 毫升到容器中，再加入 B 液体 40 毫升；用小木棍缓慢、匀速搅拌均匀，避免产生气泡；将混合好的液体，按照设计图，倒入沙盘所需位置。注意关键点：混合时搅拌要慢，避免气泡产生，倾倒时避免液体溅出。

③ 实施制作（25 分钟）。

a. 时间安排：制作 20 分钟，整理桌面 5 分钟。

b. 让学生戴上手套，开始用水晶滴胶制作沙盘中的江河湖海。教师主要负责保证活动安全、拍照记录和答疑。下课前 5 分钟，用倒数 10 下的方式要求学生将桌面整理干净、物品放置好。

④ 课后作业。

根据课堂情况，回顾水晶滴胶制作过程，完成统计记录表。次日教师批阅并做好过程性评价。

（5）“实施”环节第7、8课，制作沙盘背景画面和沙盘介绍，科学课堂、美术课堂。

用卡纸和各色绘画笔绘制完成沙盘背景和沙盘介绍。

① 课堂导入（1分钟）。

让学生学习制作沙盘背景，并对沙盘内容进行补充和丰富，并用简明的文字介绍沙盘名称及其地形地貌、生态圈、气候、小组成员等信息。

② 绘制（5分钟）。

a. 教师展示事先挑选的一些背景展报范例，让学生一边看一边在脑中构思自己的背景展报样式。

b. 分发绘图本、绘图笔后，让学生在绘图纸的左上角留出位置，写信息：生态沙盘＋具体位置；150字左右简短的文字介绍沙盘；沙盘完成人信息及日期（先写在草稿纸上，教师批改后抄写上去）。

c. 构思沙盘背景，主要设计天空及远处的地面，注意具体地理位置的特点。

③ 绘制和介绍（74分钟）。

让学生绘制沙盘背景（40分钟），完成沙盘介绍草稿（30分钟），填写统计记录表（4分钟）。有问题随时举手提问。

④ 课后作业。

课后继续完成沙盘背景的绘制和介绍草稿。次日教师批阅并做好过程性评价。

（六）生态沙盘项目——“调整”环节

1. 课时与教室

4课时（科学和信息技术各1课时，美术和劳动各1课时），在信息技术教室和实验室完成（在排课时，需要根据学校各自具体情况和相关规定安排、调整课时）。

2. 教学目标

（1）知识目标：①进一步学习生态圈、地形地貌、气候的相关知识；②进一步学习沙盘制作的相关知识。

（2）技能目标：①操作技能：训练和加强自学技能和认真细致工作的技能，培养发现问题、分析问题和解决问题的技能。②心智技能：学会持续“调整”是取得成功的关键；在调整过程中学会持之以恒，用坚忍不拔的意志力修改生态沙盘中的不足和问题；利用对生态沙盘的调整过程，训练情绪稳定、解决问题的方法与纠错的勇气，将“稳定、创新、纠错”的发展原则注入学生的个人成长中。

（3）情感与态度目标：调整环节对学生的目标坚定、情绪稳定、观察与发现不足、勇于纠错等品质培养非常重要。让学生通过实践感受到只有努力坚持、克服困难才能收获成功，体会“劳动产生价值”的乐趣。

从课标角度看，“调整”环节的目标符合《科学课程标准》对“从事物的结构、功能、变化及相互关系等角度提出问题”“对探究活动进行过程性反思，及时调整”的要求。

3. 教学重点和难点

（1）教学重点：“生态沙盘”项目在“调整”环节，对制作的沙盘、查阅的资料、绘制的展报进行回顾，与目标表、设计表、自学表、风险识别表等进行对比，克服不良情绪，再次进行自学，发现问题；再次优化制作和绘画解决问题，最终经过反复调整，改善和提升项目品质。

（2）教学难点：①纪律：在整个实施和调整过程中，课堂纪律都是对教师的极大挑战。这既牵涉到课堂的顺利开展，也关乎学生安全。“倒数 10 秒”配合简单、明确、有效的课堂规则，需要相互配合反复使用。②发现问题、思考问题、解决问题：在实施以后，基本上都会遇到各种问题，需要引导学生针对出现的问题进行思考，重新甚至反复开展自学、设计、风险识别与应对等环节。③坚忍不拔的意志力训练：在经历了让人兴奋的实施环节后，重新甚至反复开展自学、设计、风险识别与应对等环节会让学生感到疲惫，需要鼓励其咬牙坚持。这个过程是训练学生坚忍不拔的意志力的关键环节，也常常是对教师意志力的挑战，是教师自身需要坚持的环节。

注意：在“调整”环节，由于问题的出现和对项目的新鲜感已过，容易导致学生产生畏难、急躁等负面情绪，这既是教学的难点，也是培养学生优秀品质的契机。应当格外重视，需要不断激励和要求学生再次自学地形地貌、生态圈的知识，认真提出调整方案，对生态沙盘的细节进行修改。训练学生克服困难、善始善终的习惯，经过长期多次训练和培养将会逐渐形成坚忍不拔等品格。

4. 教学方法和手段

以学生动手制作、小组协作、互联网自学的形式为主开展教学，并穿插教师的指导，用PPT、视频等多媒体和学生实践等手段开展教学。通过目标表、自学表、设计表、风险表，回顾前面的工作，再次查询和复核信息，并在分析和补充的基础上，重复“自学”“设计”“风险识别与应对”和“实施”环节，对照实施效果，检查沙盘及其背景画面是否合理，经过纠错和进一步美化，提高生态沙盘的品质，提高发现问题、解决问题的能力和创新能力。

5. 课前准备

需要准备“生态沙盘”项目调整阶段的调整—自学表（见表3–18）、调整—设计表（见表3–19）和调整—风险表（见表3–20）。

表3–18 “生态沙盘”项目调整—自学表

学生姓名：	日期：	指导教师：	信息来源
问题1	出错的沙盘部位及目前情况：		（网址或书籍）
	查询发现的情况：		
	修改方案：		
问题2	出错的沙盘部位及目前情况：		
	查询发现的情况：		
	修改方案：		
如何避免以上问题出现：			
备注：			

表3–19 “生态沙盘”项目调整—设计表

学生姓名：	日期：	指导教师：	
步骤	内容及要求		所需物品和工具
流程设计	沙盘局部修改流程：		
	步骤1：		
	步骤2：		
	步骤3：		
备注：			

表 3-20 "生态沙盘"项目调整—风险表

姓名：		日期：	指导教师：
阶段	潜在风险：		应对措施：
局部修改流程			
步骤 1			
步骤 2			
步骤 3			
备注：			

注：基于各步骤的目标、内容、所需物品判断潜在风险、设计应对措施。

6. 教学过程

按照以下顺序在 4 课时内完成教学：

第 1 节科学课、第 2 节信息技术课：查询复核沙盘及其背景画面信息。

第 3 节美术课、第 4 节劳动课：调整优化沙盘及其背景画面。

（1）"调整"环节第 1、2 节课，相关知识准备，科学课堂、信息技术课堂。

介绍调整环节是训练学生发现问题、解决问题和坚忍不拔品格的实践活动。需要将沙盘制作实施的情况与前期目标、自学、设计和风险识别与应对的预期进行对比，学生此时普遍产生了畏难、急躁等负面情绪，但这种感受的体会，有利于推动学生发现问题、思考解决方案并在实践中进行调整。

① 课堂导入（10 分钟）。

a. 让学生小组在目标表、自学表、设计表、风险表的基础上，针对当前实际的沙盘及其背景画面，讨论需要再次查询的问题和各自的查询任务。

b. 分发调整—自学表、调整—设计表和调整—风险表，让学生逐一填写，并在原来的目标表上标注修改或补充内容。

② 再次查询，完成复核，做好调整准备（30 分钟）。

利用互联网查询，复核沙盘及其背景画面，针对补充或调整所需，完成调整—自学表。

③ 做好调整的设计和风险识别（40 分钟）。

让学生小组讨论具体需要补充的内容，对沙盘及其背景画面进行再设计，完成调整—设计表和调整—风险表。

④ 课后作业。

整理课堂所学并完成复核调整的调整—自学表、调整—设计表、调整—风险表，以及统计记录表。次日教师批阅并做好过程性评价。

（2）“调整”环节第 3、4 节课，优化沙盘及其背景展示，劳动课堂、美术课堂。

调整和优化沙盘及其背景。

① 课堂导入（5 分钟）。

按照之前的纪律要求，以倒数的方法，让学生从第一小组开始，按顺序拿取黏土和密封袋、绘画工具，其间其他小组回顾各类表格。

② 沙盘调整（35 分钟）。

a. 让学生以小组为单位，针对沙盘和背景进行调整，遇到问题随时举手。

b. 最后 5 分钟，用倒数 10 下的方式要求学生将桌面整理干净、物品放置好。特别是将未使用的黏土放到密封袋中，以便继续使用。

③ 沙盘背景画面调整（40 分钟）。

让学生开始着手调整，遇到问题随时举手。最后 10 分钟，用倒数 10 下的方式要求学生将桌面整理干净、物品放置好，并排队把沙盘放到储物架上。

④ 课后作业。

写一篇关于“生态沙盘”项目调整的心得体会，次日教师批阅并做好过程性评价。

（七）生态沙盘项目——“展示”环节

1. 课时与教室

3 课时（语文课 2 节，科学课 1 节），在普通教室完成。

2. 教学目标

（1）知识目标：回顾并进一步理解生态圈、地形地貌和沙盘制作的相关知识，并引导学生总结在沙盘制作各环节实践中获得的直接经验转化而来的知识。

（2）技能目标：①操作技能：训练书面表达和公众表达能力，并用于小组展示中。回顾“生态沙盘”项目强化理解项目管理流程化学习实践活动的 7 个环节所训练的技能，包括：a. 识别他人需求，规划目标和时间进度；b. 训练通过互联网自主学习的技能；c. 培养设计需要的时空规划和想象力、风险识别与应对技能、理论与实践相结合的动手技能、坚忍不拔的持续调整技能。②心智技能：a. 树立“行百里者半九十”的观念，培养坚忍不拔、耐心细致、善始善终的心智技能；b. 树立知识可以由自身经验生产的观念。

（3）情感与态度目标：通过总结和表达，让学生在学习和实践中体会、产生、凝练出新的知识，成为知识生产者，获得成就感，感受到分享的乐趣，树立分享自身创新经验本身也是在为他人创造价值的观念。

“展示”环节的目标符合《语文课程标准》对“写作能力、口语表达能力”的要求；符合《美术课程标准》对“结合其他学科知识，自觉运用美术表现能力，解决学习、生活和工作中的问题”的能力；符合《科学课程标准》对“基于所学知识，采用不同的表述方式，如科学小论文、调查报告等方式，呈现探究的过程与结论”的要求。

3. 教学重点和难点

（1）教学重点：在“生态沙盘”项目的“展示”环节，基于制作的沙盘和学生在项目中的各自经历，训练学生口头、书面和绘画展示能力，让学生分享成功的喜悦，并拓宽视野，分享自己碰到的问题及应对问题的经历，为他人提供经验，提高战胜困难的信心，体会创新性工作的价值、分享的价值。

（2）教学难点：展示环节的关键是让学生基于自身学习过程和亲身经历，对相关知识、设计、流程等内容进行总结。这种总结并非对现有知识的记忆，而是通过亲身实践由直接经验产生的知识，不要求、往往也没有标准答案，更重要的是立足自身的归纳，训练学生实事求是、独立思考的创新能力和勇气，为将来成为一名具有知识生产能力的创新工作者打下基础。

4. 教学方法和手段

以小组总结、展示的形式为主展开教学，并穿插教师的指导。制作生态沙盘可以训练学生观察并采用美的方式进行直观表达和塑造，并通过公众表达的形式训练学生的演讲能力、展示能力，同时为将来创新工作的论文撰写打下基础。

5. 课前准备

需要准备展示表（见表 3–21），在展示环节提升学生的语文和美术能力。

表 3-21 “生态沙盘”项目课程展示表

<table>
<tr><td>姓名：</td><td>填表日期：</td><td>指导教师：</td></tr>
<tr><td colspan="3">制作的生态沙盘名称：</td></tr>
<tr><td>小组同学姓名</td><td colspan="2">汇报展示内容及分工</td></tr>
<tr><td>______</td><td colspan="2">组长：担任主持人，组织展示顺序，介绍衔接，结束时进行总结</td></tr>
<tr><td>______
______
______</td><td colspan="2">组员 1：介绍“项目”用到的关键物品，沙盘的实际制作的过程和感受；
组员 2：完成项目 7 个环节（目标、自学、设计、风险、实施、调整、展示）的学习感受（对自主学习、查询信息、整理资料、设计与风险控制、调整纠错、动手实践、解决问题的能力，合作共赢的观念的培养有何体会）
组员 3：完成项目对其他人有哪些帮助、提供了什么价值；过程中从同学身上学到什么</td></tr>
<tr><td rowspan="2">展示安排</td><td colspan="2">汇报展示时长：以小组为单位，每组 5 分钟</td></tr>
<tr><td colspan="2">各小组汇报展示顺序确定：</td></tr>
</table>

注：仔细阅读表格内容并认真准备。各小组事先完成汇报预演，并展示制作的沙盘、绘制的展报。

6. 教学过程

按照以下顺序在 3 课时内完成教学：

第 1 节语文课：整体规划、分工准备展示。

第 2 节科学课、第 3 节语文课：展示汇报。

（1）“展示”环节第 1 节课，准备汇报，语文课堂。

准备汇报：规划和分工，准备汇报文字提纲、逐字稿。

① 课堂导入（5 分钟）。

a. 经过学生的精心准备和制作，生态沙盘已经基本完成，接下来要进入展示环节，包括回顾前面立目标、自学、设计、风险识别与应对、实施和调整环节的学习经历。

b. 准备资料包括“美术绘图记录”、目标表、自学表、设计表、风险表及 3 个调整表等。

c. 分发展示表，教师对展示表内容进行逐一介绍，明确相关要求，并确定各小组汇报顺序。

② 分工、写汇报提纲（15 分钟）。

a. 学生小组讨论明确“如何介绍生态沙盘项目的思路”。小组成员分工（4 人：组长 1 人，组员 3 人），填写展示表（2 分钟）。

b. 依据实际情况和分工，配合沙盘写出讲解提纲（10 分钟）。

c. 小组讨论，对讲解提纲进行补充、调整，让每个人的工作量相当（3 分钟）。

③ 写逐字稿（15 分钟）

每位同学围绕所要讲解的内容写出逐字稿，有问题随时问教师。教师在遇到典型问题时应对全班进行指导。

④ 介绍展示环节的考核评价要求（5 分钟）

下课前，介绍展示考核表（表 3–22）。

表 3–22 “生态沙盘”项目综合评定表

考核项目	考核内容及分数	分数小计
1. 目标表	完整性（5 分）	5 分
2. 自学表	准确性（4 分）、全面性（4 分）、规范引用（2 分）	10 分
3. 设计表	准确性（5 分）、流程完整度（5 分）	10 分
4. 风险表	预判准确性（5 分）、应对全面性（5 分）	10 分
5. 记录表	每日坚持（3 分）、准确（2 分）	5 分
6. 调整表	合理性（5 分）、结果（5 分）	10 分
7. 展示	作品——沙盘（5 分）、展报（5 分）、讲解（10 分）	20 分
8. 个人表现	纪律（10 分）、主动性（5 分）、团结协作（10 分）	25 分
9. 团队表现	团队工作整体情况（5 分）	5 分
	合计	100 分

⑤ 课后作业。

继续完善逐字稿，次日教师批阅并做好过程性评价。之后，按要求修改并开始讲解练习。

（2）“展示”环节第 2、3 节课，演讲展示，科学课堂、语文课堂：

① 课堂导入（2 分钟）

a. 学生以小组为单位，按照安排的顺序介绍各自的“生态沙盘”项目。

b. 各组学生上台前，将汇总的课程表格册等资料交给教师。

c. 每小组介绍控制在 5~8 分钟。在第一组讲解时，第二组准备。

② 各小组介绍（78 分钟）

教师对学生的汇报展示和资料进行综合评分。若 2 课时不够，则增加 1 课时，确保各组完成展示。

三、“生态沙盘”项目课程小结

“生态沙盘”项目课程，以现行课标要求和教材知识为基础，与学生的知识结构、能力结构、认知能力相匹配，是围绕创新能力培养的跨学科综合性课程，强化了教材知识的学习和应用，是对传统教学形式的有效补充。

1.“生态沙盘”项目与劳动教学的融合

本课程通过立目标、自学、设计、风险识别、实施、调整、展示 7 个环节的教学，是对传统劳动教育的结构化升级，发展为体力劳动、脑力劳动和创造性劳动相融合的新型劳动教育模式，符合新时代创新型社会对劳动教育的要求。将生态沙盘与学生、学校的学习需求、教学需求、展示需求相结合，训练学生洞察他人（社会）需求，并通过劳动满足需求的技能和意识，在利人利己的实践活动中培养社会主义核心价值观；促进学生自己增长知识和能力，更通过劳动为他人服务，满足他人需求，培养为社会创造价值的价值观和坚忍不拔的意志品质，满足并升华了劳动课的教学目标。

2.“生态沙盘”项目与科学教学的融合

本课程贯彻了小学《科学课程标准》的教学目标。①“让学生了解科学思维是获取科学知识的主要途径，是通过多种方式寻找证据、运用创造性思维和逻辑推理解决问题，并通过评价与交流等方式达成共识的过程”，很好地强化了教材中“生物与环境”和第三单元“地球表面及其变化”的教学目标。②通过学生主动学习向外拓展知识，以中国文化和旅游部公布的“5A 自然风景区”和联合国教科文组织公布的“世界自然遗产保护名录”中选取的 32 个地形地貌，让学生根据他人需要选择，分小组制作相应的生态沙盘，对于观察、制作、描绘、演讲、团队合作、风险应对等进行了系统训练。③进一步拓展至初一上学期地理学科的等高线相关知识。设定的课程内容既出自同期教材，又不局限于同期教材知识，贯穿知识体系，拓展学术视野，提升综合能力。

本课程为学生搭建了新型学习平台和提升能力的阶梯，通过运用互联网查询信息，掌握运用信息化技术，训练跟踪学科发展、拓展眼界和知识的技能，训练在想象力基础上的设计创新能力，理论联系实际的能力，在团队合作交流的过程中实践并解决问题，避免了灌输式教学，为学生打下了科研的基础，埋下了探索求真的种子。

3.“生态沙盘”项目与语文教学的融合

语文是训练观察能力、表达能力、写作能力的重要学科。本课程结合语文教材要求，为语文教学提供了情景化的训练平台。在立目标、自我学习和总结展示多个环节的学习过程中，训练学生观察和分析事物、阅读、语言组织和公众表达等多项能力，也让学生团队在合作和分享中体会到合作的价值、彼此之间的促进作用。

4.“生态沙盘”项目与美术教学的融合

《美术课程标准》要求培养和提高学生的审美和艺术表达能力。本课程让学生在美术教师的指导下将查询到的自然环境、动植物信息，表现于具体的沙盘设计和制作项目中，训练主动学习地理和生态知识，运用等高线知识，训练设计沙盘、黏土制作地貌、动植物和绘制背景等审美和艺术表达能力，学习有趣且效率高。

5.“生态沙盘”项目与信息技术教学的融合

本课程在自学和调整环节，两次目标明确地集中训练了信息技术及其运用，培养学生：①“感受生活中的信息，认识到信息对生活和学习的重要性”；②“了解信息的获取、传递、处理、表达等过程”；③“初步形成善于发现信息、主动获取信息、积极参与信息活动的意识”。

6.“生态沙盘”项目与道德与生活教学的融合

本课程贯彻江苏省《道德与生活课程标准》的要求，“引导儿童热爱生活、学会关心、积极探究是课程的核心”，将“热爱自然、喜欢动手动脑、乐于想象与创造、可以参加劳动和有意义的活动、具有初步的探究能力、初步了解自然常识、体验提出问题、探究或接近问题、学习调查研究的方法并尝试应用”。在本课程中体现于通过观察和满足他人的需求，学会关心他人，为他人创造价值，也收获了自己的成长；通过目标、自学、设计、风险管理、实施、调整、展示等实践活动，满足课标要求。

7.“生态沙盘”项目课程总结

以项目管理流程化学习模式开展的生态沙盘项目，是在贯彻落实现行课标要求和教材内容的基础上，以制作生态沙盘为手段，融合科学、语文、美术、信息技术、劳动、道德与法治等课程内容，利用科学（6课时）、美术（6课时）、信息技术（3课时）、语文（2课时）和劳动课程（3课时），在20学时内完成。最终实现了制作生态沙盘实践活动课程作为跨学科教学平台对多个学科教学的支撑作用，在促进教材知识的学习、深化和灵活运用的同时，以结构化、流程化的形式，将实践教学目标指向创新能力和综合素养培养，易于复制和推广。

以上项目管理流程化学习“植物种植”项目和“生态沙盘”项目的跨学科实践活动课程，作为未来教育的一个发展方向，能够克服目前学生利己主义、功利心强的问题，弥补缺乏自主学习能力和创新能力的缺陷，以及创新课程往往脱离课标、削弱教材学习等教改瓶颈具有积极意义。这两个项目管理流程化学习的实践课程案例，通过详细的教案和实施过程介绍，展示了其在促进学生深入学习教材知识、扩展学科视野和培养创新能力与综合素养等方面的独特作用，符合新教改对“通过转变教育理念和教学模式，从而转变学生学习模式，为学生搭建了一个自主、合成、探究的学习平台”的要求，有利于实现以学生为中心、加强课程综合性跨学科教学，具有可操作性、可复制性、易于推广的特点。不仅可以在具体教学中加以借鉴并灵活应用，而且可以根据教材内容和学校情况，作为自行设计项目管理流程化学习实践活动课程的范例，为推动教学改革的更加深入发挥作用。

第四章

项目管理流程化学习
——理论课程教学案例

理论学习课程是项目管理流程化学习的另一个重要部分。它涉及七个主题：①掌握创新工作的基本方法——第一性原理、摸着石头过河；②了解创新环境的探险地图——工作类型与行业结构；③确立创新目标的判断依据——创新价值的大小与正负；④应对创新风险的救生工具——风险识别与应对；⑤减小创新阻力的推动方式——拆分难点、解决问题、满足需求；⑥培养创新工作的品格素养——直面孤独和挫折、坚忍不拔与灵活机动；⑦树立创新岗位的工作作风——避免本本主义与照抄照搬、不争论赶紧做。

与实践活动不同的是，理论部分是针对创新思维或创新工具的理论知识。如果说实践活动是通过结构化、流程化的实践活动训练创新的技能，那么理论学习这部分就是了解、理解、记忆创新思维和创新工具，从而助力实践中创新能力的提高。它可以通过三种方式开展教学：①教师教、学生学的普通方式；②市场调查或访谈的互动方式；③互联网查询的自学方式。

第一节　掌握创新工作的基本方法：第一性原理、摸着石头过河

一、课程意义

“第一性原理”是从物质最基本的构成和相互作用的物理角度看世界，是唯物主义在创新工作中的具体体现。将“第一性原理”应用于创新领域，往往获得的是从 0 到 1 的颠覆式创新。作为创新工作的基本方法，它将帮助学生培养其洞察事物本质的观察力，有利于破除对学术权威的迷信，可以帮助学生分析创新目标、创新条件和创新路径。而“摸着石头过河”可以提炼为“稳定、创新、纠错”的创新原则，是创新工作的基本方法。邓小平提出的“摸着石头过河”“实事求是”“抓主要问题”生动形象地体现了创新工作的基本思路及其需要时刻面对风险和随时调整的特点。在教学中培养和训练“第一性原理”与“摸着石头过河”的思维方式将明显提高学生的创新思维，有利于创新型社会的构建。

二、教学目标

1. 知识目标

学习“第一性原理”与“摸着石头过河”主题的理论内容和相关案例，促进学生逐渐形成追本溯源、抓主要问题的思维方式。

2. 技能目标

（1）培养和训练学生用“第一性原理”与“摸着石头过河”思维方式进行思考的技能。

（2）培养学生主动学习技能，初步掌握运用互联网查询信息的能力。

3. 情感与态度目标

培养学生勇于质疑的态度和习惯。用稳定、创新、纠错的思维对待创新工作和未来发展，培养学生保持稳定、勇于创新、耐心纠错的态度和习惯及在学习、工作和生活中追根溯源、实事求是、抓主要问题的观念。

从课标要求看，此主题符合《物理课程标准》中关于“用物质、运动、

能量等观念解释自然现象和解决实际问题”“具有建构模拟的意识和能力”“具有批判性思维，能从不同角度思考问题，追求科技创新”“实事求是、不迷信权威”等方面的要求。

三、教学重点和难点

1. 教学重点

（1）中国传统文化长期以来认为“先贤”或“权威”发现或制定了知识或真理，自己只需要服从和跟随，因而缺乏创新元素。通过实际案例学习“第一性原理”与“摸着石头过河”思想，培养“可以对先贤或权威的观点进行实事求是地调查研究，追本溯源地提问、反思和挑战”的创新思维和勇气，以及“稳定、创新、纠错”创新思维和方法。

（2）利用互联网查询相关知识，对追根溯源、抓主要问题的思维方式进行训练，培养学生自主学习的能力和习惯。

（3）以小组为单位分享，强化理解所学知识。在倾听同学案例时获得更多相关案例，丰富该主题的素材和知识。

2. 教学难点

（1）围绕实际案例帮助学生理解“第一性原理”与“摸着石头过河”。

（2）在教师指导下，用适当的关键词查询信息并整理信息。

（3）进行相互交流，练习倾听与合作能力、公众表达能力。

四、课程准备

该主题将以传统形式、自学形式和互动形式三种教学模式开展。

传统形式：针对知识内容、课程结构、重难点讲析进行准备。与日常备课类似。

自学形式：针对互联网自学的特点，准备表格和学生需要用到的关键词。提前用互联网查询验证表格和关键词是否合理有效。在查询时，也许有效信息层层递进，那么递进关系需要体现在表格上。与递进关系相对应的关键词也需要提前准备，确保能够利用表格与关键词指导学生进行自学。

互动形式：针对自学内容进行分享。训练学生既要将自己的学习内容分享给同学，又要对同学分享的知识进行记录和整理，从而加深和拓展对主题的学习。

五、教学过程

将先用2节传统形式授课，然后用1节自学形式和1节互动形式进行教学。

第1节课：以传统形式对“第一性原理”进行介绍。

第2节课：以传统形式对“摸着石头过河”进行介绍。

第3节课：以自学形式对“第一性原理”和“摸着石头过河”进行学习。

第4节课：以互动形式对“第一性原理”和“摸着石头过河”进行学习。

1. 掌握创新工作的基本方法的第一节课，介绍“第一性原理”

（1）课堂导入（1分钟）。

提示学生是否从小学开始，在学习中经常被要求“学会思考”“学会发现问题、解决问题”，接着介绍将要学习的一种思考问题的方法，即“第一性原理”，它将帮助人们在创新过程中更好地思考、分析、发现并解决问题。

（2）举例（10分钟）。

① 教师讲解（6分钟）：比如，通常火箭发射一次，小型运载火箭需要2000万～3000万美元；中型运载火箭需要6000万～15000万美元；大型运载火箭需要2亿美元以上。可见火箭发射成本高昂，所以载人航天飞船的一个座位在2000万～8000万美元。相比之下，建设高铁每千米需要1亿，从苏州到上海80千米就需要80亿元（约13亿美元），但是高铁票价只需要大约30元/人（约5美元/人）。提问：为什么造价不菲的高铁票价却如此低廉？如何让运载火箭的载人成本降低？让学生讨论1分钟，然后举手回答。

引导思考：同样是建设费用高昂的交通工具，可以对比一下火箭和高铁的区别。高铁从其行驶的铁轨到使用的车厢等，都是可以反复使用的，因而票价低廉。但运载火箭的材料都是一次性使用的，成本自然高昂，从而引导学生抓住成本的关键。因此，如果能够实现火箭的重复使用，将可以大幅削减成本。高铁的运载能力动辄上千人，而载人火箭每次只能运送2～3位宇航员，单位成本过高。因此，如果可以大幅增加航天员座位，火箭的单位成本也将再次大幅削减。

如今，世界上有一家私人航天公司，已经实际利用“第一性原理”研发成功可回收火箭，成为世界上第一家实现大幅降低火箭成本的商业运营的公司。它就是埃隆·马斯克（Elon Musk）创办的SpaceX公司。

② 播放 SpaceX 火箭发射视频（4 分钟）。

（3）“第一性原理”（3 分钟）。

“第一性原理”的思维方式是从物质最基本的构成和相互作用的物理角度看世界。它在创新领域的应用，是完全抛弃了经验，从产品或服务需要的本质出发、从物理特性出发，重新考虑所有相关技术、成本、生产工艺和流程，这样最终取得的创新往往是跨时代的。学习“第一性原理”，将有助于训练学生从根源上思考和解决问题，为绘制创新工作“路线图”提供支撑。现今世界上运用“第一性原理”开展工作的人很多，但要说影响力最大的人无疑是埃隆·马斯克。比如，刚才说到的运载火箭，他用“第一性原理”的思维方式将火箭成本进行整理，发现火箭发射的燃料等无法排除的成本仅占火箭整体成本的 2%。而剩余 98% 的部分，包括发动机、管道、控制装置等如果可以反复使用，则可以极大地降低发射成本。

（4）更多案例（16 分钟）。

除火箭发射与回收这样巨大又复杂的高科技工程外，埃隆·马斯克利用“第一性原理”的思维方式，还对太阳能发电、电动汽车、隧道挖掘等众多领域进行了深刻而广泛的创新，比如，在制造电动车特斯拉的过程中，最大的成本来源于电池组件。埃隆·马斯克的研发团队发现电池组件成本要 600 美元 / 千瓦·时，但运用“第一性原理”思考，把电池分为各种金属元素以及其他成分，再对生产流程、产地、供应链等每一部分进行优化，最终取得了超乎寻常的成效，将电池组件成本降低到 80 美元 / 千瓦·时，只是原来的 13.3%。

播放埃隆·马斯克介绍“第一性原理”的视频，并点评。

（5）小组讨论“第一性原理”（10 分钟）。

① 教师引导全班讨论：尝试用“第一性原理”的思维方式去思考眼前的生活、学习和工作。比如，在教育方面，学习的根本目的是什么？为什么用现在的方式进行学习？还有其他学习方式吗？国家为什么要求适龄儿童进入学校接受义务教育？它对学生、对国家分别有什么意义？

② 小组讨论：用“第一性原理”的思维方式分别对昂贵的商品和接受学校教育的目的提问。

（6）课后作业。

① 整理“第一性原理”笔记。

② 从第一性原理的角度回答“昂贵的商品”和“接受学校教育的目的”两个问题，将答案写在笔记本上。次日教师批阅并做好过程性评价。

2. 掌握创新工作的基本方法的第二节课，介绍“摸着石头过河”

（1）课堂导入（1 分钟）。

向学生介绍“摸着石头过河”最有名的创新应用是邓小平在改革开放过程中，针对观念和体制创新提出的工作方式。它生动形象地表达出了创新工作的基本思路及其需要面对风险和随时调整的特点。

（2）分析“摸着石头过河”（8 分钟）。

“摸着石头过河”可以被拆分为以下几步：①一只脚站在稳定的石头上，另一只脚去试探前方的石头；②前方的石头如果不稳，则换一个石头试探；③找到稳定的石头以后向前移动。在改革开放的推进过程中，邓小平首先确保社会稳定，同时在局部进行改革试点，试点成功就推广，不成功就继续调整。在“摸着石头过河”的前进道路上，讲求“实事求是”“抓主要问题”，从而在稳定、试探、调整、推广的循序渐进中走出了一条“中国特色社会主义”道路。播放“安徽小岗村的大包干”“深圳龙口的经济特区”纪录片节选。

（3）DNA 的“摸着石头过河”（10 分钟）。

“摸着石头过河”不仅是我们人类的一种创新策略，还广泛存在于生物界中。播放“DNA 复制原理”科教片节选。

承载着万千生命的地球已经存在了约 45 亿年。大约在 38 亿年前，有些分子在特定条件下结合起来，形成了有机体。之后这些有机体又进一步组建形成了以 DNA 或 RNA 基因作为遗传密码的原始生命。DNA 或 RNA 分子通过碱基进行一一对应的复制。这样的复制过程可以保证生物繁衍基因的总体稳定性。但是偶尔也会出现基因的变异并会随着生命体的发育，出现发育缺陷或生存优势。那些导致发育缺陷的变异在环境中被淘汰，另一些变异让生命体获得了生存优势和更多生存繁衍的机会，进而让该变异基因在种群中得到推广。随着时间的推移，不同环境筛选出不同的基因序列，在经历了上亿年的演化后,最终形成了现在世界上种类繁多的物种和千姿百态的生命形态。

在生命诞生后的亿万年里，基因的稳定复制、随机突变、自然选择，可以提炼为“稳定、创新、纠错”的发展原则。它贯穿于所有生命的演化历程和人类文明的发展历史，成为一切生命和人类文明发展的基本原则。

（4）人类社会中的“稳定、创新、纠错”（8分钟）。

任何国家的发展都遵循了“稳定、创新、纠错”的原则：

中国古代创新的春秋战国、秦朝和隋朝：充分创新，但缺乏稳定。

中国古代唐朝以后的大部分朝代：充分稳定，但缺乏创新和纠错。

中国近代鸦片战争以后：充分创新，但缺乏稳定。

中国近现代中华人民共和国成立以后：充分稳定、创新和纠错。

欧美发达国家工业革命以后：充分创新，通过对外掠夺维持内部稳定。

欧美发达国家的现代及当代：稳定、创新、纠错都在下降。

（5）创新型社会中，对企业和个人的“稳定、创新、纠错”（8分钟）。

“稳定、创新、纠错”对企业和个人的创新发展也起着决定性作用。在创新型社会，每个企业和个人都需要不断创新。企业如果墨守成规就会被超越淘汰或吞并消亡，个人如果缺乏创新就会被人工智能取代。而在开展创新工作时，企业和个人都必须意识到创新过程中会对资金、团队、信用或健康造成威胁并加以避免。所以，需要在控制风险的前提下，不断地探索和纠错。在创新过程中，每个人都应该训练“摸着石头过河”的技能与方法，在实践中警惕风险，在不断调整中积极推进，出现问题就认真分析、找出解决问题的方法，继续尝试和探索并向前推进，绝不轻言放弃。

（6）小组讨论“摸着石头过河”（5分钟）。

教师引导：以小组为单位，针对企业或个人，分别列举遵守“摸着石头过河”的成功案例和违反“摸着石头过河”的失败案例，提示几乎所有成功的企业家、探险家、科学家、发明家的经历都符合“摸着石头过河”的原则。

学生小组讨论：遵守“摸着石头过河”的企业和个人；违反“摸着石头过河”的企业和个人。

（7）课后作业。

① 整理“摸着石头过河”笔记。

② 对遵守或违反“摸着石头过河”的企业和个人分别举一个例子，并将4个案例写在笔记本上，次日教师批阅并做好过程性评价。

3. 掌握创新工作的基本方法的第三节课，自学“第一性原理”与“摸着石头过河”

（1）课堂导入（1分钟）。

向学生介绍本节课的目标：①自主查询“第一性原理”的定义和埃隆·马斯克对其在科技创新上的应用；②自主查询“摸着石头过河”的出处和邓小平在制度创新上的应用。

（2）查询信息（10分钟）。

利用网络对“第一性原理”和“摸着石头过河”的定义与出处进行查询，并在笔记本上记录。

（3）查阅“第一性原理”信息（10分钟）。

用“第一性原理 +Elon Musk”作为关键词查询相关信息并做记录。

（4）查阅“摸着石头过河”信息（15分钟）。

用“（某企业）名称 + 成功案例”和“某科学家、企业家”作为关键词查询相关信息并做记录，体现“稳定、创新、纠错”的重要性。

（5）信息整理（4分钟）。

整理笔记本上查到的信息，画出有用的重点。

（6）课后作业。

整理自主学习查询到的信息并总结关键点。次日教师批阅并做好过程性评价。

4. 掌握创新工作的基本方法的第四节课，“第一性原理”与“摸着石头过河”互动分享

（1）课堂导入（2分钟）。

对主题进行总结，引导学生以小组为单位进行分享。

（2）各组分享（38分钟）。

让学生以小组为单位上台交流，回顾“第一性原理”“摸着石头过河”的学习内容，相互学习，加深对主题的认识。

（3）课后作业。

将本小组与其他小组的分享内容进行全面整理，并写下自己的感想。次日教师批阅并做好过程性评价。

第二节　了解创新环境的探险地图：工作类型与行业结构

一、课程意义

“工作类型”指的是不同工作岗位的特性，包括工作时长、收入情况、发展空间、在社会运转中提供的价值、所需要的关键技能和与其配合的工作等。通过这部分内容帮助学生更全面真实地了解各类工作岗位，做好人生规划，在未来将工作与自身兴趣爱好、个人特长相结合，从而让更多年轻人在进入社会后享受工作、热爱工作，为自身和他人创造更多的价值。

“行业结构”指的是各行业门类的总体运转机制，上下游相关产业的资金链、技术链、人力链和产品链，新科技对旧行业的影响和新科技将触发的新行业。了解这部分内容将帮助学生形成对各个行业的总体认识，从更宏观的角度了解社会运作机制和行业发展趋势，从而帮助学生在未来的创新工作中绘制“行业地图”，将有利于把握社会需求、降低盲目创新的风险，为选定创新目标提供支撑。

二、教学目标

1. 知识目标

（1）学习“工作类型”主题的相关知识和理论体系，主要分为科技类、管理类和商业类三大类；在科技生产中，又包括科研、技术、工艺三方面的工作等内容。

（2）了解不同工作的时长、收入、节奏、压力、服务对象等因素，从而初步理解不同工作的特性。

（3）学习新出现的职业、将要消失的职业、人工智能无法取代的职业等，学习与信息时代相关的工作岗位的知识。

（4）学习“行业结构”主题的相关知识和理论体系，包括行业上下游的关键技术链、产品或服务链、资金和利润链、人才链等内容。

（5）针对具体行业产业链上下游的技术、产品或服务、资金和利润、人才等方面进行信息搜索，初步了解一个行业。

2. 技能目标

（1）初步构建起工作岗位在时间、晋升、风险、压力等方面区别的心智技能。

（2）训练学生的“采访”技能，包括准备采访、开展采访、总结采访等，同时训练学生的沟通能力、口头表达能力。

（3）初步掌握针对工作岗位的调研技能，用互联网查询信息，培养主动学习的技能。

（4）训练对“行业结构”进行观察的能力。

3. 情感与态度目标

（1）联系自身情况学习“工作类型”，通过观察自己的长辈进行比对和思考，让相关知识与学生的生活紧密相连，从而提升学生的学习兴趣和热情。

（2）建立尊重各类职业的态度，思考各类工作的社会价值。

（3）引导学生用总体思维思考社会生产和经济运转，培养起为社会生产和行业发展而学习、工作和创新的正确观念。

（4）促进学生产生对“工作类型”的好奇心及探求知识的驱动力。

从课标要求看，“工作类型”和“行业结构”主题符合《思想政治课程标准》关于“经济发展与社会进步”中，“了解我国个人收入的方式与合法途径”的要求，也符合目前学校教育引导学生了解社会和职业的需求。

三、教学重点和难点

1. 教学重点

（1）让学生更客观和全面地了解各类工作岗位的工作时间、收入、职业发展路径等，特别是学习了解各个岗位如何满足他人需求、为社会创造了哪些价值。

（2）基于不同工作岗位的特点，准备采访。

（3）找一位长辈进行采访，通过采访了解其工作特点，并在此过程中对相关信息进行记录。

（4）整理记录和谈话心得，与同学和教师分享，从而培养从多个角度理解工作岗位的能力和采访能力。

（5）了解各个行业的发展趋势，特别是最新科技对各个行业的影响。

（6）通过互联网自学“工作类型”和“行业结构”相关知识，在训练和培养学生自主学习能力和习惯的同时，加深对“工作类型”和“行业结构”的认识。

（7）组织学生以小组为单位上台分享所学知识，通过讲述加深对自己所查询案例的理解，在倾听同学案例时获得更多相关案例，丰富“行业结构”主题的素材，从而增加知识面。

2. 教学难点

（1）隔行如隔山，介绍工作要避免陷入隔岸观火的“岗位美颜照”中，需要帮助学生了解各种岗位真实情况的“素颜照”。

（2）理解每个岗位的社会功能，避免职业偏见。

（3）围绕工作岗位的相关知识准备采访，在课后对长辈进行采访，并做好采访记录。

（4）用恰当的关键词或短语进行互联网查询，培养自学技能。

（5）各行各业知识庞杂、新技术层出不穷，更新迅速。

（6）学生介绍“工作类型”和“行业结构”的学习内容，进行相互交流和讨论，练习公众表达能力。

四、课程准备

该主题将以传统教学、互动交流和自主学习三种教学模式开展：

传统形式：介绍“工作类型”和“行业结构”主题的相关内容和发展趋势。

互动形式：通过准备采访、实施采访、总结采访、分享采访，既要把自己的采访分享给同学，又要对同学介绍的采访进行记录和整理，加深对主题的认识。最后再次与同学分享自学内容。

自学形式：利用互联网查询“工作类型”和“行业结构”主题的相关信息，并总结整理。

五、教学过程

先用 2 节传统形式授课，然后用 2 节互动形式和 2 节自学形式进行教学，最后用 1 节互动形式分享学习内容：

第 1 节课：以传统形式对“工作类型”进行介绍。

第 2 节课：以传统形式对“行业结构”进行介绍。

第 3 节课：围绕“工作类型”和“行业结构”准备采访。

第 4 节课：以互动形式对采访进行总结和分享。

第 5 节课：以自学形式对“工作类型”进行学习。

第 6 节课：以自学形式对“行业结构”进行学习。

第 7 节课：对自学内容进行总结和分享。

（一）了解创新环境的探险地图的第一节课，介绍“工作类型”

1. 课堂导入（4 分钟）

（1）教师提问引导：世界上的工作有很多，同学们知道哪些？

（2）本节课上半部分将从工作时长、职业风险、晋升周期（职业发展路径）、收入等角度分析和对比不同工作类型的工作方式和工作状态。

2. 工作种类之一——科技类（20 分钟）

工业时代向社会提供了大量科技类工作岗位，比如，科学家、教师、会计师、产业技术工人等岗位。虽然这些岗位在农业时代也存在，但当有了标准化、规模化的培养流程和考核体系，就成了工业社会下的科技类岗位。狭义的科技岗位包括科研、技术、工艺三方面的工作，即发现科学原理的科研领域，运用科学原理的工程技术领域，提高工程、技术水平的生产、管理流程的工艺领域。有些科技工作只需要专注于其中的一方面，比如，科研人员主要专注于科研、工程师主要专注于工程技术、工匠主要专注于工艺。因此，目前普遍的情况是，普通医生可以只专注于精进医疗技术，提升自己的医疗业务水平；普通教师也可以只专注于精进教学技能，提升自己的教学业务水平；普通工匠主要专注于熟练自身工艺水平。然而，有些人的工作同时跨越三个领域，比如，优秀的医生既需要研究病理、收集医学数据进行医学科研，又需要研发新的医疗方法，精进早已成熟的医疗技术，提升治疗水平。同样的情况也会发生在其他很多职业领域,比如教师。优秀的教师既要研究教育原理、收集教学数据进行教育学科研，又需要在早已成熟的教学方法基础上研发新的教学方法，精进教学技能，从各方面提升教学水平。这样的工作状态是未来创新型社会所需要的。而前后两批人对社会的贡献和发展空间相差巨大，引导学生通过关注以下几方面，发现同行业中不同岗位的特点和贡献。

（1）工作时间：科技类工作岗位普遍可以做到相对固定的上下班时间。但如果希望快速晋升并成为行业专家则需要花费大量额外时间，提升自身水平，增加工作贡献。

（2）职业风险：科技类工作的职业风险较小，只要按照标准化、规模化的培养流程认真学习和练习，基本上都能获得稳定收入，职业风险较小。

（3）晋升周期（职业发展路径）：科技类工作的晋升几乎可以概括为勤奋工作 3~5 年，可以成为行业入门级工作者；勤奋工作 10~15 年，可以成为工作中独当一面的专家；勤奋工作 20~30 年，可以成为对行业有一定影响力的专家，甚至有特殊贡献的行业大佬。

（4）收入：科技类工作的收入多为线性增长，入门者与专家大佬的差距一般很难超过百倍。

3. 工作种类之二——服务类（8 分钟）

艺术家、律师、商人、服务员这些服务领域的岗位，虽然在现代教育体系中也可以进行标准化的培养，但工作方式和工作状态与科技类岗位截然不同。其中，由于企业和商业是在社会运转中，主要发挥促进社会分工、促进商品流通、提高生产效率、降低生产成本等作用，企业家和商人的贡献就是以更高效率、更低成本,将社会资源配置到最需要它的地方进行再生产或消费。因此，企业家和商人从物资生产的效率、成本、资源配置的角度创造了社会财富。

（1）工作时间：服务类的工作岗位很难做到定时上下班，任何时间都有可能需要为客户提供专业服务。所以，工作时间多随季节或其他因素处于忙和不忙相交替的状态，而且越是优秀的从业者越忙碌。

（2）职业风险：这类工作一方面看天赋，另一方面也看机遇，兼具这两种因素非常困难，所以这类工作的风险较高。不过一旦成为行业佼佼者，收入上非常高。

（3）晋升周期：勤奋工作 3~5 年完成入门阶段，之后进入了比拼天赋和机遇的阶段，没有一个固定的晋升周期可以参考。

（4）收入：服务类岗位的普通从业者与明星级从业者的收入差距可能是成百上千倍，甚至更大。

4. 工作种类之三——管理类（8 分钟）

政府、企业和其他所有组织，包括科技类和服务类行业，都需要管理人员。这一类工作自人类社会诞生之日起就存在。

（1）工作时间：管理者的工作时间与其领域密不可分。所以，管理者既有可能朝九晚五，也有可能随时待命，主要取决于管理者所管理的组织所在领域。

（2）职业风险：由于其管理并掌握着组织资源，如果不能有效承担起利用资源产生效益的目标，特别是如果滥用甚至贪污了这些资源，则会受到法律的制裁。

（3）晋升周期：管理者的晋升周期主要看其能否利用资源创造效益。如果管理者可以利用较少的资源为集体创造较大效益，则将迅速晋升，组织将赋予其更多资源以便创造更大价值。反之亦然，如果管理者用较多资源创造较少效益，则不仅无法晋升，反而会降级。

（4）收入：管理者的工作主要是将人组织起来进行生产劳动。这一岗位既需要有专业技能，又要掌握与人沟通的能力，所以门槛较高，一般都是在技术类或服务类所培养的人才中挑选。所以，通常收入都以其涉足的领域为基准，处于各自行业的平均水平以上。

5. 课后作业

整理“工作类型”的笔记。次日教师批阅并做好过程性评价。

（二）了解创新环境的探险地图的第二节课，介绍“行业结构”

1. 课堂导入（2 分钟）

向学生介绍行业发展的普遍规律和上下游产业链的构成。

（1）行业发展规律：通常，一个新行业的发展是由一个或一系列关键技术的突破而引发的，如同种子的萌发，逐步发展，最终进入成熟阶段。了解大部分行业都有这样的发展规律，将帮助学生更全面和准确地掌握行业发展趋势。

（2）上下游产业链：每个行业都是由一连串的上下游企业构成的。了解一个产业链上下游的技术与人才、产品或服务、资金和利润等知识，既可以更宏观和全面地理解具体工作岗位对行业的价值，又可以通过一幅幅“行业地图”理解社会运行、生产的协作机制。

2. 行业发展规律（10 分钟）

行业的发展往往与关键问题的突破有关，比如，移动互联网因为智能手机和 4G 互联网的出现而迅速普及。在此过程中，互联网商店、电子支付、物流等相关行业迅速成长，让更多人享受到移动互联网的便利。但快速发展的新行业必然也伴随着伪劣产品、虚假宣传、互联网诈骗等乱象的发生，所以政府主导制定的相关政策和标准，维护了移动互联网行业的健康发展。

引导学生学会逐步准确地把握行业发展进程，将有利于结合自身情况探寻创新方向。比如，在发现自己感兴趣的领域出现新的关键技术时，尽快将其拓展至具体场景的运用中，形成新的产品或服务，或者在自己所从事的行业快速发展时，选择参与行业标准的建立，成为推动行业进步的创新者。总结行业发展的规律将为工作方向的判断提供依据，更高效地发展个人事业。教师应引导学生通过关注以下几方面，发现行业发展规律，为未来创新奠定基础。

（1）关键技术，播下新行业种子。每个行业的兴起都是因为某项关键技术获得突破而引发的。

（2）多种新产品，推动行业发展。关键技术的突破不仅会触发新行业的兴起，将其运用于不同领域时，还会迅速引发多个领域的重大变革，从而又进一步促进新行业的快速发展。

（3）标准的制定，推动行业成熟。在新行业迅速发展时，往往会出现众多乱象。随着新行业的发展壮大，政府或者行业从业者群体将对新行业进行规范，制定出行业标准，避免投机者对行业的健康发展造成破坏。因此，需要改变过去我国因发展滞后国人建立行业标准意识淡薄的状况。随着中国的崛起，已有越来越多的中国人在标准制定领域做出更多贡献。

3. 上下游产业链（28 分钟）

产业链的上下游是由一系列企业组成的。比如，房地产行业的最上游是政府出让土地，房地产公司购买土地后需要设计和建造房屋。于是设计公司进行设计，建筑公司进行建造，验收合格后由销售公司进行销售，最后消费者购买房屋居住。其中，政府、房地产公司、设计公司、建筑公司、销售公司分别通过自身产品或服务为这个行业做出了贡献，包括土地、设计、建筑、销售；他们的技术、人力、资金和利润都各具特点。经过分析和总结，可以较为清晰地理解和掌握房地产行业上下游产业链的形态、规模、运作机制等情况。

又如，教育产业的最上游是政府基于社会需求和发展，对教育方针的制定和行业的管理。从上游中央政府制定总体规划、教育部统筹教材和考试标准，到中游地方政府部门负责落实规划、编写的各地教材和升学考试试卷，再到下游的学校和具体教学内容。从相关从业者的“人力链”角度可以进行调查研究：从上游中央的政策制定者和教材标准的制定者，到中游地方教育主管和地方教材的编写者，再到下游各校校长和一线教师，最后到接受教育服务的普通学生、插班生、复读生，甚至家长。另外，从“资金链”的角度也可以进行调查研究：从上游中央政府的教育拨款，到中游各地方政府的教育拨款，再到学校的资金分配和教师工资、奖金的比例，等等。在开放了民间资本办教育后，也可以单独对民营学校进行产业链的类似调查研究。

在后面的课程用互联网查资料时，要求学生分小组对各自选择的行业进行自主学习，查询相关信息。

4. 课后作业

整理本节课“行业结构”笔记。次日教师批阅并做好过程性评价。

（三）了解创新环境的探险地图的第三节课，主题调研“准备采访”

主题调研两节课。第一节课以小组为单位准备采访，课后分组进行采访及总结；第二节课以小组为单位分享采访内容。

1. 课堂导入（2 分钟）

向学生介绍此次主题调研的互动交流将分为四个部分：准备采访，进行采访，总结采访，分享采访。其中，第一节课以小组为单位准备采访，课后分组进行采访及总结，第二节课以小组为单位分享采访内容。

2. 分组（3 分钟）

以 3 人为一组，将全班同学分组。

3. 观看采访视频（5 分钟）

观看一个 5 分钟以内的采访视频，让学生直观感受采访过程。

4. 准备采访 1，小组讨论（10 分钟）

教师提问："为什么需要采访""采访谁""如何采访"和"提问内容"4 个问题，让学生小组讨论并将讨论结果写在笔记本上。

5. 准备采访 2，分析探讨（15 分钟）

针对以上 4 个问题与学生进行分析和探讨：

（1）为什么需要采访：隔行如隔山，外行看一个行业如同看朋友圈的"美颜照"，只有行业内的从业者才能看到其工作岗位的"素颜照"。所以在调查研究"工作类型"时，需要对行业内的从业者进行采访，了解其切身体会，并对比它们之间的区别，从而高效了解各类工作岗位的真实情况。

（2）采访谁：针对技术、服务和管理 3 类岗位，每个小组成员从自己长辈中各选一类作为采访目标。将各种将要采访的岗位种类和长辈称呼写在笔记本上。

（3）采访方式：采访可以是电话语音采访或当面采访。当面采访的地点可为公司、家里、餐厅或公园等。分小组讨论各种情况下需要注意的礼仪。以刚刚写在笔记本上的长辈为目标，规划邀约方式（建议采用电话语音采访，节约时间成本）。

采访提问，并记录于表 4–1 中。

6. 课后作业

课后对长辈进行采访，并完成采访总结。次日教师批阅并做好过程性评价。

（四）了解创新环境的探险地图的第四节课，主题调研"分享采访结果"

1. 课堂导入（2 分钟）

组织学生以小组为单位，向全班介绍采访的准备、过程和内容。在其他

表 4-1　主题调研采访调查表

采访日期：______；采访者：_______；被采访者及其工作岗位：_______；采访方式：当面 / 电话		
采访目的	提出问题	得到的回答
了解工作时间和节奏	请问您的工作时间是比较稳定，还是某些时间段比较忙、某些时间段比较闲 忙的时候和不忙的时候大约每周各工作多长时间	
了解工作压力	请问您，从考核绩效、工作时间、人际环境（包括同事关系和领导关系）、物理环境这几方面，您可以把它们对从业者的要求难度排个序吗 如果不方便排序，可以简单说一下，通常这个岗位对从业者的技能要求高吗 对工作时间有什么要求 人际关系容易相处吗 工作环境舒适吗	
了解工作的协作需要	请问您，这个岗位需要与其他哪些岗位对接 最主要的对接岗位是什么 对接有没有什么难点或者容易造成冲突的地方	
了解开启工作阶段的难点	请问对于努力的人，从第一次入职起开始计算，您觉得平均大约多长时间可以独自胜任这个工作 如果我是您的徒弟，你可以给我 3 条建议吗	
了解工作发展的前景和风险	请问如果有一位勤奋但天赋并不突出的从业者，您认为大概需要多长时间的努力能晋升到行业中 5% 以内的顶端 如果不能，大概需要哪些条件才能达到行业顶端	
了解工作收入	请问对于职场新人、从业 5 年的从业者和 25 年的资深从业者，收入大概分别是多少	
了解行业趋势	请问此行业有什么新动向？比如，新技术、新公司、新产品	
从业者观点	如果您的子女想做与您一样的工作，您会支持吗 如果不支持，是什么原因？如果面对一个新入职的晚辈，请给他几条关键建议	

小组分享时，自己做好笔记。

2. 课堂分享（38 分钟）

全班学生分别介绍自己整理的采访内容和心得。如果课时不够，可以考虑增加课时。

3. 课后作业

将其他小组的交流分享内容进行记录和汇总，整理完成简单的调研报告，并写下自己的感想。次日教师批阅并做好过程性评价。

（五）了解创新环境的探险地图的第五节课，自学“工作类型”

1. 课堂导入（1 分钟）

向学生介绍本节课需要利用互联网，围绕“新出现的职业”“将要消失的职业”“人工智能无法取代的职业”三方面进行自主学习，指导学生一边查一边将有效信息记录下来。

2. 查询“新出现的职业”（13 分钟）

以“新出现的职业”作为查询目标，利用互联网查询信息，将其记录在笔记本上。

3. 查询“将要消失的职业”（13 分钟）

以“将要消失的职业”作为查询目标，利用互联网查询信息，将其记录在笔记本上。

4. 查询“人工智能无法取代的职业”（13 分钟）

以“人工智能无法取代的职业”作为查询目标，利用互联网查询信息，将其记录在笔记本上。

5. 课后作业

全面整理自主学习查询到的信息，并画出重点。次日教师批阅并做好过程性评价。

（六）了解创新环境的探险地图的第六节课，自学“行业结构”

1. 课堂导入（2 分钟）

回顾“行业结构”主题的相关内容，要求学生以小组为单位，通过互联网查询：①任意从电影、流行音乐、航空、航天、汽车、移动通信、个人电脑等行业中选取一个行业，对其发展历史进行信息查询和记录；②对所选择的产业链上不同环节企业的技术、产品或服务、人力资源、资金和利润等关键因素，进行信息查询和记录；③对选择的产业链上的著名公司进行查询和记录。

2. 查询和整理信息（38 分钟）

以“一个行业的发展历史”作为目标进行查询并做记录。

每个企业都有各自的技术、产品或服务、人力资源、资金和利润等特征。在了解某一行业时，可纵向调查和分析其产业链上的企业状况，并填写表 4–2。

小组协作对所选产业链上各企业的关键因素进行查询并做记录。其中著名公司既可以是现存的，也可以是倒闭的；既可以是大型公司，也可为小型公司。

表 4-2　行业结构调查表

	技术	产品或服务	人力资源	资金和利润
企业 1（最上游）				
企业 2				
……（直至最下游）				

3. 课后作业

整理自主学习查询到的信息，并总结关键点。次日教师批阅并做好过程性评价。

（七）了解创新环境的探险地图的第七节课，分享“工作类型”和“行业结构”学习内容

1. 课堂导入（2 分钟）

小结此主题内容，引导学生以小组为单位进行分享。

2. 各组分享（38 分钟）

让学生以小组为单位上台交流，回顾“工作类型”“行业结构”的学习内容，相互学习，加深对主题的认识。

3. 课后作业

将本小组与其他小组的分享内容进行全面整理，并写下自己的感想。次日教师批阅并做好过程性评价。

第三节　确立创新目标的判断依据：创新价值的大小与正负

一、课程意义

创新对社会产生的作用有大有小，也有正价值与负价值的区别。在知识扁平化和技术扩散的今天，一个人的创造力如果用于破坏，将给社会造成难以估计的损害。所以，培养创新能力必须配合正确的价值观教育。

根据马克思主义哲学原理有关“实践活动是价值观形成的现实依据”的

思想，培养创新能力应该避免“现代教育”以个人学习效果和个人考核成绩为考核评价的实践活动，纠正其导致形成个人主义价值观负面效应，开展基于互利共赢考核评价的实践活动，引导学生为他人和社会提供具有正面价值的创新而努力。而且，通过比较和选择将有较大价值的创新目标，作为长期学习和工作的目标。在具体的实践活动中，倡导合作共赢思想，引导学生洞察社会需求，将创新意愿落实到正确的创新实践中，更高效地创造社会财富，促进社会发展。

二、教学目标

1. 知识目标

（1）学习“创新的大小与正负价值”主题的创新目标和创新类别。其中创新目标分为“自私自利的创新”和“合作共赢的创新”。创新类别分为“科技创新”和“标准创新”。

（2）科技创新包括科研、技术、工艺三方面的创新，标准创新包括清单、考核、共识三方面的工作。

2. 技能目标

（1）培养价值判断技能，学会初步判断不同创新工作的价值大小与正负。

（2）培养主动学习技能，学会通过互联网查阅需要搜索的信息。

3. 情感与态度目标

（1）激发学生对“创新的大小与正负价值”的好奇心。

（2）开始思考各类创新所产生的影响，养成关注创新价值大小并进行分析的习惯。

（3）建立起追求创造更大价值的工作态度和人生目标。

从课标要求看，“创新的大小与正负价值”主题符合《小学科学课程标准》中，关于“科学、技术、社会与环境总目标”中的“社会需求是推动科学技术发展的动力”的要求。

三、教学重点和难点

1. 教学重点

（1）对“自私自利与合作共赢这两种创新目标”和“科技创新和标准

创新这两种创新类别”进行教学，并列举出相关创新成果对社会的影响。

（2）基于科技领域“科研创新、技术创新、工艺创新”和标准领域“清单创建、考核创建、共识创建”的框架，利用互联网自学，加深对“创新的大小与正负价值”主题的认识，并训练和培养学生自主学习能力、价值判断能力。

（3）基于对前面学习内容的整理和总结，组织学生相互分享，在讲述自己案例加深理解的同时，相互学习从而获得更多案例，丰富“科技创新”“标准创建”“科技创新中的五个层次”“标准创建中的四个层次”等内容的知识。

2. 教学难点

（1）对于抽象的价值大小的理解，特别是长期需求与短期需求、高层级需求与低层级需求的取舍，需要引导学生对其进行识别和分析。

（2）学生在自学过程中需要教师指导，用恰当的关键词或短语进行查询。

（3）要求学生对自学案例进行相互交流，练习公众表达能力。

四、课程准备

该主题将以传统形式、自学形式和互动形式开展。

传统形式：介绍“创新的大小与正负价值”主题的总体框架和学习内容。

自学形式：利用互联网查询“创新的大小与正负价值”相关信息、拓展知识面，并总结整理。

互动形式：通过分享各自积累的案例，加深对“创新的大小与正负价值”主题的认识。

五、教学过程

先用1节传统形式授课，然后用1节自学形式和1节互动形式进行教学：

第1节课：以传统形式对“创新的大小与正负价值”进行介绍。

第2节课：以自学形式对“创新的大小与正负价值”进行学习。

第3节课：对自学内容进行总结和分享。

（一）确立创新目标的判断依据的第一节课，介绍“创新的大小与正负价值”

1. 课堂导入（1分钟）

向学生介绍不同的创新工作，其作用和价值存在巨大差异。比如，同样是利用新型碳材料进行创新，可以制作新型钓鱼竿，其产生的价值较小；但若利用碳材料制作新一代“碳基芯片”以突破美国通过限制芯片出口卡我国脖子，还能提升目前硅基芯片的性能，则可产生巨大价值。所以，创新的价值有大有小，甚至有些创新不仅没有正面意义，还会危害社会。比如，不断出现的新型毒品就严重危害着个人健康、家庭幸福和社会安定。此主题从创新对社会价值的角度出发，梳理创新的不同层次、作用大小、正负价值等差异，以正确的导向帮助学生认清创新工作及其意义。

本节课将从创新目标和创新类别进行介绍。创新目标分为“自私自利的创新”和“合作共赢的创新”。创新类别分为“科技创新”和“标准创新”。

2.“自私自利的创新”与“合作共赢的创新”（5分钟）

（1）生物与人类的自私自利。在24亿~35亿年前，蓝藻基于光合作用获得了巨大的生存优势，并以毫无节制、无限扩张的“自私自利”的生存策略在缺乏竞争对手的环境下，走向过度繁殖和过度攫取自然资源，导致外部环境的剧烈变化，引发了物种大灭绝，自身发展也遭受重创。

今天，人类在地球上也获得了巨大的生存优势，很容易以毫无节制、无限扩张的“自私自利”的生存策略走上蓝藻的老路。因此，这样下去在缺乏竞争的环境下，若不改变策略，人类也必然触发某种资源的耗尽和外部环境的剧烈变化，从而引发新一轮的物种大灭绝。

（2）生物与人类的合作共赢。经历了21亿~24亿年前的“休伦大冰期”，绝对的毫无节制、无限扩张的“自私自利”再也没有成为生物界的主流，取而代之的是互惠互利的“合作共赢”的生存策略，形成了今天生意盎然的大千世界。

在人类历史中，股份制公司的出现让人与人、团体与团体之间形成了利益共同体，从法律层面保障了合作共赢的开展。第二次世界大战之后，法国与德国构建的煤钢联营模式，更是在国家与国家之间提供了合作共赢的制度典范。1950年5月9日，法国外交部部长罗贝尔·舒曼(Robert Schuman)基于“合作共赢”“法德命运共同体”理念，推出了煤钢联营计划。其核心手段就是通过将法国和德国的煤矿和钢铁的生产和分配交由联营机构统一管理，对两个国家起了一荣俱荣、一损俱损的效果，从机制上避免了两国间的恶性竞争和战争的再次发生。1991 年，在煤钢联营的基础上，欧盟正式诞生。它将国家间上百年的恩怨情仇转变为“命运共同体”模式。这一开创性的历史成果很好地体现了人类可以通过智慧将自私自利转化为合作共赢。

面对创新工作，是选择“自私自利”还是“合作共赢”作为创新目标，将是设立每个创新项目首先需要回答的问题。谋求既能让个人实现幸福人生，又能使社会实现和谐发展，并将促进人类命运共同体、人与自然和谐共生都得以实现。

3.“科技创新”与“标准创新”（1 分钟）

（1）“科技创新”是直观的科研、技术、工艺的创新，今天的技术创新主要体现在信息、能源、材料、制造、生命科学等领域。

（2）“标准创新”是抽象的清单、流程、考核的创新，比如，一套针对传染病防治的行为清单或消毒流程、一套针对食品安全生产的加工流程和检验体系、一套合作共赢的行为清单和考核体系，等等。在中国崛起的过程中，各领域都需要围绕“合作共赢”“人类命运共同体”重新创建标准，急需相关人才的培养。

4. 科技创新的领域：科研、技术、工艺（5 分钟）

（1）科研创新。科研创新是发现的自然规律并形成的科学知识和成果，尽管不直接创造价值，但它却是未来创造价值的基础，也是将资源转化为知识的过程。

（2）技术创新。技术创新是用想象力、设计能力，将科学知识转化为满足人类发展需求的新技术，也是知识和劳动相结合，将知识转化为生产力的过程。

（3）工艺创新。工艺创新是将成本高昂、性能不稳定的新技术变为价格低廉、性能稳定的日用品的过程，也是生产力进一步提高的过程。

所以科研、技术、工艺是从认识客观自然，到人为主观创造，再到打磨精进的过程。比如，无线电波在宇宙中无处不在，19 世纪的科研人员发现了它的规律，20 世纪初的工程师通过想象力、设计能力，将无线电知识转化为无线电通信技术。20 世纪中后期的工程师、企业家和产业工人共同努力，将无线通信从成本高昂、性能不稳定、只能小范围应用的昂贵物品变为手机这个如今便宜、性能稳定的大众日用品。

又如，引力在宇宙中无处不在，17 世纪科学家就发现并总结出其规律，20 世纪中期的工程师用想象力、设计能力，将万有引力知识应用于人造卫星技术。20 世纪末的工程师、企业家和产业工人共同努力，将人造卫星技术与无线电技术相结合，制造出了卫星导航产品。在 21 世纪初，中国的“北斗卫星导航系统”成为让每个中国人都能使用的便宜、性能稳定的大众日用品。

5. 标准创新的领域：清单、考核、共识（8 分钟）

（1）清单：是某一领域的从业者或组织管理者对产品、服务或行为的规范，可极大促进产品与服务的质量和人类社会协作效率的提高。它既可以是对现实中已经存在的生产工艺、协作行为的整理和总结，也可以通过设计能力重新创建。

（2）考核：在清单的基础上，需要对制作的产品、提供的服务或参与协作的成员进行考核，以落实清单的要求，保证产品或服务的质量，促进人们的协作更加高效。

（3）共识：当清单和其对应的考核逐渐成为指导人们生产和行动的共识时，即使并不完善，一套新的标准也已经建立了。反之，一套清单和考核如果只停留在纸上、束之高阁，即便其非常完善，也是没有实际意义的几张废纸。

比如，在 2001 年，美国约翰·霍普金斯医院一名叫彼得·普罗诺福斯特（Peter Pronovost）的重症监护专家，针对静脉置管整理了一份简要的消毒清单，只有 5 个简单而具体的要求。在列出程序清单后建议医院管理层对这个程序清单进行日常考核，形成了医院内部针对静脉置管操作规范的共识。在随后一年三个月的跟踪研究中，彼得·普罗诺福斯特惊奇地发现，病人接受静脉置管的感染比例从 11% 降到了 0。从经济效益的角度看，这份简要的清单为约翰·霍普金斯医院每年减少了 43 起感染和 8 起死亡事故，节省了约 200 万美元的成本。

以上说明两个问题：①创建标准并非一定需要高深的能力，只要围绕清单、考核和共识，就能创建新标准；②创建标准只要得到一定范围的认可，便可在该范围的社会协作中，通过极低的成本，获得极大的收益。

6. 科技创新的价值大小（10 分钟）

科技创新可以分为以下由高至低的 5 个创新层次：开启新时代、在旧时代中开创新行业、在旧行业开发新品类、在旧品类中开发新品种或新单品、旧产品改良。不同层次的科技创新因对社会进步产生的影响大小与正负价值不同而意义迥然不同。因此，应尽量开展高层次的技术创新，有利于社会发展。详见表 4–3。

表 4–3　技术创新的层次

技术创新价值从高到低	举例描述
开启新时代	A. 珍妮纺纱机开启工业时代；电力系统开启电器时代 B. 电脑、互联网开启互联网时代 C. 5G 技术、石墨技术、智能制造、核聚变等开启第四次工业革命
开创新行业	A. 电器时代最早只体现在电灯的使用，但很快出现了留声机、电影电视、厨房家电等多个新行业…… B. 互联网时代最早只是科研单位互传信息，但很快出现了 e–mail、新闻网站、视频网站、购物网站等多个新行业……
开发新品类	通信行业先后出现电报、电话、小灵通、移动电话等多个新品类 注：商品分为大类、中类（品类）、小类（品种）和单品
开发新品种 / 单品	A. 通信行业的手机品类中，出现智能平板手机，是新品种 B. 苹果、华为等推出了众多新单品
改良，针对旧产品	目前的智能手机几乎均为在手掌大小的全屏及前后摄像头的基础上进行改良
（提供现有产品）	（经销商对现有产品进行销售，未参与技术创新工作）

让学生做好笔记，以便在后面的课程中利用互联网查资料时，以小组为单位查询相关信息。

7. 标准创建的价值大小（10 分钟）

标准创建由高至低可以分为以下 4 个层次：价值观创新、体现价值观的社会协作模式、专业领域的认证和考核体系、体现专业水平的从业规范和操作流程。所创建标准因其层次不同而对社会影响力和话语权不同，因而意义不同。故应尽量创建高层次的标准（详见表 4–4）。

让学生做好笔记，为后面的课程利用互联网查资料提供依据和框架。

8. 课后作业

整理“创新层次”笔记。次日教师批阅并做好过程性评价。

表 4–4 标准创新的层次

标准创建价值从高到低	举例描述
价值观	个人主义：自由、平等、民主 合作共赢（承担责任、克制欲望、创造价值、权责对应）
体现价值观的社会协作模式（体制）	资本主义：一人一票、多党轮替制度 社会主义：人民代表大会制度
专业领域	5G 技术领域的标准体系 教师资格标准，组成包括教材、考试流程、组织考试的政府机构等
体现专业水平的规范和流程	麦当劳等连锁店对原料、储存、流程、品质等方面的统一规范

（二）确立创新目标的判断依据的第二节课，自学“创新价值的大小与正负”

1. 课堂导入（2 分钟）

回顾“创新价值的大小与正负”所介绍的关于科技创新的“科研、技术、工艺”、关于标准创建的“清单、考核、共识”“科技创新中的五个层次”“标准创新中的四个层次”。

2. 查阅信息（38 分钟）

让学生各自利用互联网查询各类影响人们生活的产品和标准，用“科技创新”“标准创建”两种创新的大小与正负对其相关信息进行梳理，并做记录。

3. 课后作业

整理自主学习查询到的信息并总结关键点。次日交给教师批阅并做好过程性评价。

（三）确立创新目标的判断依据的第 3 节课，分享“创新的大小与正负价值”

1. 课堂导入（2 分钟）

引导学生以小组为单位进行分享。

2. 各组分享（38 分钟）

让学生以小组为单位上台交流，回顾“创新的大小与正负价值”的学习内容，相互学习，加深对主题的认识。

3. 课后作业

将本小组与其他小组的分享内容进行全面整理，并写下自己的感想。次日教师批阅并做好过程性评价。

第四节 应对创新风险的救生工具：风险识别与应对

一、课程意义

创新工作存在诸多风险，包括时间（进度）、安全、成本、团队、技术、环境等风险。一旦风险失控，往往会造成超时、受伤、超预算、团队不和等一系列问题。在面对这些风险时，人们通常会直观地认为风险是随机发生的，难以预测。而项目管理这门学科其作用和意义就是为人们提供一套成熟的思维和工具去识别风险、应对风险，将一般人认为随机发生、难以预测的风险管理起来，从而降低风险带来的危害。

学习了解“风险识别与应对”，将帮助学生理解风险具有可识别、可管理的特点，对这些风险进行预判并提出应对方案，提高风险识别与应对能力，是保障创新持续性和稳定性的关键,从而在学习过程中训练风险管理的能力。这是创新工作顺利开展的重要保障。未来当他们步入社会、走向创新类的工作岗位时，将有能力保护自身和团队安全，从而保持创新的稳定性和持续性。

二、教学目标

1. 知识目标

学习风险的类别，包括时间（进度）风险、安全（健康）风险、资金（成本）风险、团队风险、技术风险、环境风险等。学习 SWOT 分析法、对比分析法、图解技术分析法、德尔菲技术分析法，以及技术创新公司的失败案例。

2. 技能目标

了解管控风险的意义，建立风险意识，训练风险识别与应对的能力，初步掌握风险识别与应对的工具；用互联网查询信息，培养主动学习的技能。

3. 情感与态度目标

建立风险可以识别和控制的观念和信心。培养起充分准备、积极谋划、沉着应对风险的习惯和素养，形成在风险面前不退缩、勇于迎难而上的创新精神。

尽管在中小学课标中，暂时没有“风险识别与应对”的要求，但是创新工作中必然存在的各类风险，要求教学中训练学生识别、防范和控制风险，是未来教育不可回避、责无旁贷的任务。所以，项目管理流程化学习让学生在风险可控的校园环境中，提前训练风险识别与应对的能力。这是对目前教育的重要补充。因此，项目管理流程化学习在实践活动与理论学习两部分都分别设置了“风险识别与应对”相关教学内容。

三、教学重点和难点

1. 教学重点

（1）学习风险管理的分析方法，包括 SWOT 分析法、对比分析法、图解技术分析法、德尔菲技术分析法等，训练和培养学生的风险意识和对风险的应对能力。

（2）学习创新企业的失败案例。

（3）组织学生以小组为单位上台分享，强化自己对所学知识的理解，在倾听同学案例时相互获得更多案例，丰富“风险识别与应对”主题的素材和知识。

2. 教学难点

（1）在风险发生之前，只能基于经验和想象进行识别和预判，比较抽象。需要用恰当的方式举例将其具象化、形象化，促进理解和重视风险。

（2）自学过程需要教师指导，用恰当的关键词或短语进行自学。

（3）要求学生对学习内容进行相互交流，练习公众表达能力。

四、课程准备

该主题将以传统形式、自学形式和互动形式开展。

传统形式：介绍“风险识别与应对”主题的总体框架和现有理论。

自学形式：利用互联网搜索“风险识别与应对”相关信息、拓展知识面并整理总结。

互动形式：通过分享各自积累的案例，加深对“风险识别与应对”主题的认识。

五、教学过程

先用 1 节传统形式授课，然后用 1 节自学形式和 1 节互动形式进行教学。

第 1 节课：以传统形式对“风险识别与应对”进行介绍。

第 2 节课：以自学形式对“风险识别与应对”进行学习。

第 3 节课：对自学内容进行总结和分享。

（一）应对创新风险的救生工具的第一节课，介绍“风险识别与应对”

1. 课堂导入（5 分钟）

教师启发式提问：①探险活动是对未知空间的探索，同学们认为探险活动会不会遇到风险？可能遇到什么风险？②创新工作与探险活动都需要对未知进行探索，所以创新工作是不是也会遇到各种风险？创新工作会遇到什么风险？

2. 创新工作的风险（5 分钟）

创新工作确实存在不小的风险，包括进度（时间）风险、安全风险、成本风险、团队风险、技术风险、环境风险等。一旦风险失控，往往会造成超时、财产损失或人员受伤、超预算、团队解散、关键技术制约、环境破坏等阻碍创新工作推进的各种问题。

比如，一个科技公司推动创新产品研发背后的开发团队和银行的贷款都是巨大的成本。①时间上，新产品每提早一天上市就可能提前占领市场，延后一天就可能导致巨额资金的损耗；②安全上，在研发过程中，产品研发的实验室可能存在安全事故的风险；③资金上，可能研发需要进一步采购预算外的昂贵器材；④团队上，可能研发途中几名合作伙伴产生矛盾不欢而散，甚至对簿公堂；⑤技术上，新产品可能遇到严重的技术瓶颈，根本无法实现生产。

3. 识别风险（10 分钟）

在学生已经清楚在未知领域的探索创新与探险活动非常类似后，提问：在预判风险方面，有经验的探险家和没有经验的探险菜鸟，有什么区别？

在创新工作中，也需要通过生活中积累的经验，提高风险识别能力。比如，用一把锋利的刻刀，裁掉一张纸的一部分，让学生识别该行为存在的风险，以及如何避免锋利的刻刀把手划破，可以换一把剪刀或者戴上手套来避免划破手的风险。之所以学生可以识别这个风险，是因为在生活中这样的风险即使自己没有遇到，身边的人也被划伤过手。所以，直接或间接经验让大家能够识别锋利的刻刀有划伤手的风险，并且可以通过换成使用剪刀避免潜在的风险。如果另一位年龄小或者比较马虎的同学，可能拿到锋利的刻刀没有风险意识，根本没有多想就开始裁剪。那么他就更容易受伤。所以，预防风险的前提是识别风险。而且，一旦识别到风险，要采取相应的应对措施才能避免风险。这种识别风险和应对措施就是风险管理。学习它是为了在风险可控的课堂上训练学生避免或降低风险的能力，从而为今后的创新工作中更加稳健和有效地应对风险奠定基础。

4. 识别风险的方法（20 分钟）

（1）要识别风险，除依靠经验外，更需要学习和掌握以下基础知识，作为常用的风险识别工具。

① SWOT 分析法。它是一种应用广泛的分析工具，四个字母分别代表优势（Strengths）、劣势（Weaknesses）、机会（Opportunities）和威胁（Threats）。它针对项目内外竞争环境和竞争条件下的态势分析，将项目内部的优势、劣势和外部的机会、威胁等综合起来，分别写在矩阵中，然后经过分析，得出和风险有关的结论。

②对比分析法。它将过去做过的类似项目存在的风险制成表格，然后把当前项目与此表对照，根据现有信息和经验，找出该项目存在的风险以及来源。

③图解技术分析法，也叫事件树分析法。它是利用图解的形式，将可能产生风险的阶段或任务进行分解，逐步分析风险的方法。它通常从结果出发，通过层层倒推，逐步查找出项目风险的来源及产生的条件，是适合小型项目的方法。

④德尔菲技术分析法，又称专家规定程序调查法。它需要事先拟定调查表，按照既定程序，通过函件向专家组成员进行征询，得到专家们以匿名函件反馈的意见。经过反复几次征询和反馈，专家们的意见逐步趋于集中，最后获得具有较高准确性的集体判断结果。

学生仅需要记住这些分析法的名称，在之后用互联网查资料时再查找相关解释。这里就不展开说明了。

（2）由于创新工作的风险无时不在，因此需要理解和掌握以下内容。

①风险的本性，就是它的“不确定性”。虽然风险有时可以预测，比如，

可以通过天气预报预测气象灾害的发生时间提前应对以减少损失，但更多的时候，风险又是无法控制的，即使知道有台风，也无法准确掌握其路径、大小和持续时间，往往实际与预测不能完全吻合。所以，需要事先准备多套应对方案。

②避免风险的方法，需要从创新工作本身及其所处的环境进行思考和分析，采取必要的措施减少风险发生的可能性，并将其危害降低到最低程度。

③避免风险的关键，在于责任到人。具体就是要制定严格的风险管理制度：谁授权制订和执行风险管理方案、风险管控体系的运转和协同参与、风险状态由谁跟踪和处置等，层层落实风险责任人。

④避免风险需要常规投入。由于风险识别与应对都需要安排专门的人力、物力和时间进行常规投入，且需要付出的成本没有上限，所以，避免风险的另一方面就是如何以最低的代价应对创新工作中的可能风险。

5. 课后作业

整理“风险识别与应对”笔记。次日教师批阅并做好过程性评价。

（二）应对创新风险的救生工具的第二节课，自学“风险识别与应对”

1. 课堂导入（1 分钟）

本节课需要完成的学习内容：①通过互联网自主查询“风险管理”的定义；②从上节课的 SWOT、对比表、图解技术、德尔菲技术四种分析法中，挑选一个分析法进行互联网自学；③查询一个技术创新公司的失败案例并寻找失败的原因。

2. 查询“风险管理”的定义（5 分钟）

以“风险管理”作为关键词，利用互联网查询其定义，并将查询到的信息记录在笔记本上。

3. 查询四种风险分析方法（10 分钟）

学生以小组为单位，对 SWOT、对比表、图解技术、德尔菲技术四种分析法中的一个进行互联网自学，并将查询到的信息记录下来。

4. 查询一个技术创新公司的失败案例（24 分钟）

从“风险识别与应对”的视角，对众多失败的科技创新公司中的一个进行查询和研究，尽量全面地找出其失败原因，并将查询到的信息记录下来。

5. 课后作业

整理自主学习查询到的信息，并总结关键点。次日教师批阅并做好过程性评价。

（三）应对创新风险的救生工具的第三节课，分享“风险识别与应对”学习内容

1. 课堂导入（2 分钟）

引导学生以小组为单位进行分享。

2. 各组分享（38 分钟）

让学生以小组为单位上台交流，回顾“风险识别与应对”的学习内容，分享科技公司的失败案例和原因，相互学习，加深对主题的认识。

3. 课后作业

将本小组与其他小组的分享内容进行全面整理，并写下自己的感想。次日教师批阅并做好过程性评价。

第五节 减小创新阻力的推动方式：拆分难点、解决问题、满足需求

一、课程意义

“拆分难点、解决问题、满足需求”是推进复杂、艰巨的创新工作的有效策略。它可以有效减小创新的阻力，将漫长且艰巨的创新目标拆分为若干个比较容易达成的阶段性小目标，逐一达成。如同在漫长的旅途上设置了若干休息站和补给点，在逐个实现的过程中，将各阶段的技术突破转化为产品，用于满足市场需求、用阶段性的新产品获取利润，促进实现下一阶段的技术创新，从而滚动推进实现远大的创新目标。本质上这是一种降低创新风险和成本的策略。

学习本节内容可以帮助学生在将来的创新工作中降低风险，提高成功率，将看似难以完成的任务逐步分阶段地实现。

二、教学目标

1. 知识目标

（1）学习埃隆·马斯克的创业案例，用“拆分难点、解决问题、满足需求”的思维方式进行分析。

（2）学习新科技的发展历程。

2. 技能目标

（1）训练面对创新工作时，从小到大、由易到难，逐步实现艰巨创新的思维方式。

（2）用互联网查阅信息，培养主动学习的技能。初步掌握创新工作中“拆分难点、解决问题、满足需求”的技能。

（3）思考和培养各类远大的创新目标如何拆分为系列小目标，或者如何将目前的小目标逐步放大为远大理想的基本技能。

3. 情感与态度目标

（1）培养一步一个脚印、上一步为下一步打下基础，逐步突破重重障碍，完成重大任务的正确创新态度。

（2）训练学生面对再大的困难也可能找到解决办法的信心和勇气。

（3）建立起有高度、有愿景的创新工作态度，以及在困难面前多动脑筋、战胜困难的积极心态。

从课标要求看，“拆分难点、解决问题、满足需求”主题符合《小学科学课程标准》关于“体验科学研究的基本过程”和“发展学习能力、思维能力、实践能力和创新能力”的要求。

三、教学重点和难点

1. 教学重点

（1）学习埃隆·马斯克的创业案例，并从“拆分难点、解决问题、满足需求”的角度对其进行解读，初步掌握“拆分难点、解决问题、满足需求”的思维方式。

（2）自学“新科技的发展历程”相关知识，基于某项前沿科技设想艰巨的创新任务。

（3）组织学生以小组为单位上台分享，在准备分享和讲述中强化对此主题的理解，在倾听同学案例时丰富“拆分难点、解决问题、满足需求”主题的素材和知识。

2. 教学难点

（1）在现行教育环境中，缺乏使用“拆分难点、解决问题、满足需求”的思维方式的场景，需要寻找浅显易懂的案例进行讲解。

（2）通过“拆分难点”将艰巨的创新任务进行拆分，然后通过“解决问题、满足需求”分析各项技术突破可以用于现实生活的哪些领域，分析社会需求；以讨论、互联网查询和整理的内容为基础，设计创新工作“路线图”。

（3）学生在无法找到恰当知识时，需要教师指导，用恰当的关键词或短语进行查询。

四、课程准备

该主题将以传统形式、自学形式和互动形式三种教学模式开展。

传统形式：介绍“拆分难点、解决问题、满足需求”主题的总体框架和现有理论。

自学形式：利用互联网搜索“拆分难点、解决问题、满足需求”相关信息、拓展知识面。

互动形式：通过分享各自积累的案例，加深对“拆分难点、解决问题、满足需求”主题的认识。

五、教学过程

先用 1 节传统形式授课，然后用 1 节自学形式和 1 节互动形式进行教学。

第 1 节课：以传统形式对“拆分难点、解决问题、满足需求”进行介绍。

第 2 节课：以自学形式对“拆分难点、解决问题、满足需求”进行学习。

第 3 节课：对自学内容进行总结和分享。

（一）减小创新阻力的推动方式的第一节课，介绍“拆分难点、解决问题、满足需求”

1. 课堂导入（1 分钟）

向学生介绍在开展创新工作时，应该尽量降低潜在风险，提升创新工作的推进速度和成功率。而“拆分难点、解决问题、满足需求”的思维方式，可将漫长且艰巨的大目标，拆分为比较容易达成的若干小目标，如同在艰难的探险旅程中设定的休息站和补给点，有利于将看似难以完成的重大任务逐步分阶段实现。

2. 介绍埃隆 · 马斯克的创新思路（10 分钟）

“拆分难点、解决问题、满足需求”是基于埃隆 · 马斯克的工作方式提炼的重要创新工作方法。众所周知，最近几年有些听上去过于庞大的计划，被埃隆 · 马斯克拆分为多个项目开展研究，逐个变成了现实，并在逐个实现技术突破的过程中，将新技术通过商业运营变为满足社会需求的商业价值。在多个项目基础上成立的科技创新公司的努力下，新技术被设计为新产品，在市场中大卖，为公司开展接下来的研究和技术突破提供了技术经验和资金支持。最终完成了一个又一个庞大的计划，实现了重大的创新目标。学习和了解“拆分难点、解决问题、满足需求”的相关知识，有助于拆分艰巨的创新任务，为绘制创新工作“路线图”提供支撑。

比如，埃隆 · 马斯克计划要送 100 万人上火星。美国政府曾算过一笔账，以现有技术把一个人送上火星需花费 100 亿美元。如果送 100 万人上火星就需要 1 万万亿美元，这笔钱相当于美国 500 年的 GDP，这是连美国政府都无法想象的挑战，而埃隆 · 马斯克的公司非国家力量，难度之大可想而知。按照通常的思维这是不可能实现的目标。然而，埃隆 · 马斯克以独特的方式找到了问题的解决方案。他大胆提出，用 50 万美元把一个人送上火星，费用大约相当于一个人在地球上购房的钱。把原来 100 亿美元成本降到 50 万美元，意味着费用要降低至两万分之一。埃隆 · 马斯克用“拆分难点、解决问题、满足需求”的方法，把两万分之一倍拆分为“1/10 × 1/20 × 1/100”的数学式。

（1）“1/10”意味着：研发运营成本降到 1/10。埃隆 · 马斯克用“第一性原理”分析出目前火箭发射成本只有 2% 的成本是无法进行优化的部分，剩余 98% 成本都与管理、设计、工艺相关，可以大幅度优化。事实上，目前他的成本已经降到了同行的 1/5，而且还在继续朝着他的目标下降。

（2）“1/20”意味着：把现在的载人飞船 5 人 / 次，增加至 100 人 / 次。通过使运输效率提升 20 倍而降低成本。目前埃隆 · 马斯克已经成功实现可回收火箭为美国航天局向国际空间站运送宇航员。虽然人数上还存在巨大差距，但已经是第一家实现了载人航天的民营企业，未来可期。

（3）“1/100”意味着：回收火箭重复使用，使载人飞船就像高铁和汽车等交通工具一样仅有燃料消耗，目前火箭发射成本中燃料成本所占费用不到1%。而目前埃隆·马斯克的公司已经实现了火箭回收技术，大幅降低了成本。

虽然埃隆·马斯克的载人航天成本还远未达到降低至两万分之一的目标，但就目前所取得的成果已经让其拥有了航天领域超强的竞争力。埃隆·马斯克旗下的火箭公司 SpaceX，已经源源不断地获得商业订单。所以，他运用“拆分难点、解决问题、满足需求”的方式，将大幅降低火箭发射成本的目标拆分为降低研发和运营成本、提升运载人数、提升火箭使用次数，满足了社会需求，也实现了巨大的商业价值。

另外，埃隆·马斯克围绕向火星移民 100 万人的计划，针对在火星进行太阳能发电、储存电力、火星交通等技术难题，用“拆分难点、解决问题、满足需求”的思维方式，还投资成立了 SolarCity 太阳能发电公司以突破火星发电技术；投资成立 Tesla 电动汽车公司以突破火星储存电力技术；投资成立 The Boring 隧道挖掘公司以突破火星交通技术。这些公司都以类似 Space X 的策略，通过逐个的技术突破实现了社会价值和商业价值。未来，当他将以上科技公司的技术成果整合以后，攻克人类移民火星所需的交通、能源、通信等一系列重大技术难题，将不再是天方夜谭。

3. 观看视频（15 分钟）

观看埃隆·马斯克移民火星规划的视频，了解他将百万人移民火星的任务拆分为“星际交通”“星际通信”“火星交通”“火星能源收集”“火星能源储存”等一系列的子目标。

4. 小组讨论“深海移民”（5 分钟）

要求学生讨论：参考埃隆·马斯克的移民计划，以“让十万人居住到马里亚纳海沟”为目标，用“拆分难点、解决问题、满足需求”的思维方式，简要设计一个长达 30 年左右的创新工作路线图。

5. 教师给出建议（5 分钟）

借鉴埃隆·马斯克移民火星的规划，可以将“让十万人居住到马里亚纳海沟”的任务拆分为“深海交通”“深海通信”“深海能源收集”“深海能源储存”等一系列的子目标。目前的深海交通潜水艇已经可以重复使用，但还需要提升单次运载人数。另外，更为关键的是深海移民及深海潜水艇是否有经济价值？是否可以产生新的商业模式，在满足社会需求的同时支持进一步的研发投入？目前深海通信技术是什么？目前深海能源有哪些？除了洋流和地热还有其他吗？等等。让学生用“拆分难点、解决问题、满足需求”的思维方式进行思考，在之后的自主学习中利用互联网自行查询相关资料推动思考的进一步细化。

6. 小组讨论“难以置信的目标”（4分钟）

埃隆·马斯克“火星移民计划”的基础，是人类已经成功登月；教师刚才提出“深海移民”的基础，是中国人已经成功探底马里亚纳海沟。它们都是空间上的探索，都已实现了核心技术的突破。创新除了对未知空间的探索，更多的是对未知科技的探索。所以除了上天下海，还可以有人工智能对现有产业的全方位提升、生命科学的延长寿命、材料科技的开发新材料、能源科技产生近似无穷尽的清洁能源、新制造科技随时生产人们难以想象的新产品等。

让学生基于人类已经做到的某个科技创新为基础，用想象力推演并延伸出数量增加、范围扩大、程度加深的应用目标，并将这一看似难以完成的目标拆分为若干子目标。

7. 课后作业

整理今天课堂学习内容，次日教师批阅并做好过程性评价。

（二）减小创新阻力的推动方式的第二节课，自学“拆分难点、解决问题、满足需求”

1. 课堂导入（1分钟）

向学生介绍本节课共有5个教学目标：①通过自主查询，学习“新科技的发展历程”并做记录；②基于某项前沿科技设想“艰巨的创新任务”；③通过“拆分难点”将艰巨的创新任务进行拆分；④再通过“解决问题、满足需求”分析各项技术突破可以用于现实生活的哪些领域，分析社会需求；⑤以讨论、互联网查询和整理的内容为基础，做好创新准备，设计创新工作“路线图”。

2. 基于某项前沿科技设定目标（10分钟）

设定目标的具体方法：A. 写下“拆分难点、解决问题、满足需求”作为标题；B. 利用互联网查询“新科技的发展历程”相关信息；C. 基于某项已经实现的前沿科技，用想象力设定增加数量、扩大范围、加深程度的新应用场景，并将其作为艰巨的创新目标，让学生记录下各自选择的“前沿科技”和“艰巨的创新目标”。

3. 拆分难点（5 分钟）

使用“拆分难点”的方法将艰巨的创新任务进行拆分。围绕若干关键技术瓶颈，将难以实现的大目标拆分为若干子目标。

4. 解决问题、满足需求（10 分钟）

假设若干关键技术瓶颈得以逐一突破，为每一个关键技术找到目前市场所需的应用场景，满足社会需要。引导学生理解这项关键技术是什么，并着手寻找它如何应用。

5. 设计路线图（14 分钟）

以小组为单位，讨论确定某项新技术，描述它将如何改变行业，整理总结相关领域的“行业地图”，用拆分难点、解决问题、满足需求的思维方式设计一套路线图。基于查询到的信息，开始规划“路线图”，并进一步查询信息。

6. 课后作业

请利用今天学到的知识，在日常生活中不断地继续设计、完善和推进自己的创新工作“路线图”，整理好笔记，今后有补充，可以随时找教师讨论。次日教师批阅并做好过程性评价。

（三）减小创新阻力的推动方式的第三节课，分享“拆分难点、解决问题、满足需求”学习内容

1. 课堂导入（2 分钟）

小结本节内容，引导学生以小组为单位进行分享。

2. 各组分享（38 分钟）

让学生以小组为单位，围绕表格 4–5 上台交流，回顾“拆分难点、解决问题、满足需求”的学习内容，相互学习，加深对主题的认识。

3. 课后作业

将本小组与其他小组的分享内容进行全面整理，并写下自己的感想。次日教师批阅并做好过程性评价。

表 4–5 创新工作"路线图"设计表

创新准备	内容及路径
价值观	自身特点：____________
	与现有技术的比较优势：____________
	判断新技术的发展进程（创新的起点）：____________
	判断新技术最终将如何改变行业（创新的终点）：____________
体现专业水平的规范和流程	第一阶段：尽快自学行业和产业现状（利用网络、采访、市场调查等方式）；尽快自学新技术
	第二阶段：在"判断新技术的发展进程（创新的起点）""新技术最终将如何改变行业（创新的终点）"和"第一阶段（行业地图）"的基础上，用拆分难点、解决问题、满足需求的思维方式设计一套路线图
	第三阶段：在实践中，利用"项目管理流程化学习"推动路线图的落地

第六节 培养创新工作的品格素养：直面孤独和挫折、坚忍不拔与灵活机动

一、课程意义

主动学习和创新工作必然伴随着孤独和挫折，学习了解"直面孤独和挫折"是任何创新工作得以最终完成所必须持有的工作态度和心理素质。

而"坚忍不拔与灵活机动"分别是基于创新工作"稳定"所需要的坚忍不拔与"创新、纠错"所需要的灵活机动两方面提出来的。对于创新的目标，需要以坚忍不拔的意志品质攻坚克难。而对于创新的过程，则需要以灵活机动的活跃思维和天马行空的想象力作为推动，从而持续优化成果和朝目标推进。而在此过程中，又需要以坚忍不拔的意志力进行坚持才能成功。所以，学习了解"坚忍不拔与灵活机动"，将有利于学生对创新工作的理解和推进，从而提升创新能力。

二、教学目标

1. 知识目标

（1）学习伟大的政治家、科学家、企业家的工作经历，了解"直面孤

独和挫折”的精神。

（2）针对伟人案例进行信息查询，收集创新工作者的案例。

2. 技能目标

（1）通过了解伟人经历，在创新工作中训练“直面孤独和挫折”的心智技能。

（2）培养学生“坚忍不拔与灵活机动”的心智技能。

（3）用互联网查阅信息，培养学生主动学习的技能。

3. 情感与态度目标

思考各类创新工作带给个人的挑战，建立起直面孤独和挫折的工作态度和心理素质，培养坚忍不拔与灵活机动的工作方式。

从课标要求看，“主动学习、直面孤独和挫折、坚忍不拔与灵活机动”主题符合多门学科课标关于“学习能力”“创新能力” “奋发向上”“坚韧乐观”“不怕困难和解决问题能力”“不怕困难、坚忍不拔品格”培养的要求。

三、教学重点和难点

1. 教学重点

（1）学习成功者的案例，了解成功背后都需要主动学习、直面孤独和挫折的精神和态度。

（2）通过互联网自学“伟人案例”相关知识，收集创新工作者的经历。在训练和培养学生自主学习能力和习惯的同时，加深对“直面孤独和挫折”“坚忍不拔与灵活机动”主题的认识。

（3）组织学生以小组为单位上台分享，训练表达能力。

2. 教学难点

（1）无法直观理解内心脆弱、摇摆不定、固执己见在未来创新型社会中的危害，需要用实际案例进行说明。

（2）学生在无法找到恰当知识案例时，需要教师指导，用恰当的关键词或短语进行查询。

（3）对“直面孤独和挫折”“坚忍不拔与灵活机动”的自学内容进行相互交流，练习公众表达能力。

四、课程准备

该主题将以传统形式、自学形式和互动形式三种教学模式开展。

传统形式：介绍“直面孤独和挫折”“坚忍不拔与灵活机动”主题的总体框架和现有理论。

自学形式：利用互联网查询“直面孤独和挫折”“坚忍不拔与灵活机动”相关信息，拓展知识面。

互动形式：通过分享各自积累的案例，加深对“直面孤独和挫折”“坚忍不拔与灵活机动”主题的认识。

五、教学过程

先用1节传统形式授课，然后用1节自学形式和1节互动形式进行教学。

第1节课：以传统形式对“直面孤独和挫折”“坚忍不拔与灵活机动”进行介绍。

第2节课：以自学形式对“直面孤独和挫折”“坚忍不拔与灵活机动”进行学习。

第3节课：对自学内容进行总结和分享。

（一）培养创新工作的品格素养的第一节课，介绍“直面孤独和挫折”“坚忍不拔与灵活机动”

1. 课堂导入（5分钟）

创新领域缺乏现成的经验积累和评价体系，所以创新领域学习与传统领域学习的本质区别在于传统行业已成体系，有大量经验可以借鉴，通过学习可以尽快吸收大量来自间接经验的知识；而创新工作只能靠梳理有限的信息提出假设或进行设计，通过实践的摸索和验证来获得经验，可见直接经验得来不易，但它也容易长期记忆，并且经过总结升华可以产生新知识。因此，创新工作需要直面孤独和挫折，需要坚忍不拔地向着目标不断摸索，在摸索中不断总结经验，灵活机动地进行调整，最终实现创新目标。

项目管理流程化学习围绕他人需要进行创新探索，自主学习并设计，在控制风险的前提下在实践中不断调整和完善，最终达成创新目标，为社会创造价值。这是需要让学生学习和掌握的创新工作者的工作方式，也是训练“直面孤独和挫折”“坚忍不拔与灵活机动”的重要平台。

2. 创新工作中的“直面孤独和挫折”（20 分钟）

传统学习模式是吸收和掌握知识的过程。一个人付出多少劳动、创造多少价值、获得多少回报都有一套成熟的评价体系，所以有一分耕耘就有一分收获。

然而，在创新领域，没有现成的评价体系对创新工作中的劳动量进行计算，创新工作天然带着巨大风险也意味着其创造的价值可大可小，甚至可能因创新失败而造成损失。而且在没有出成果之前，往往不被别人认可。因此，创新者除了需要主动学习，往往缺乏支持甚至可能遭受他人的非议和打击，因而需要具备面对孤独和挫折的心理素质。

（1）很多具有创新精神的人都能够在他人的质疑声中，仍然专注于工作，只有赶紧做出结果将价值体现出来人们才会认可，并且其间发现偏差和错误及时纠正是成功的基础。正如邓小平在这个问题上的论述：“大胆试，大胆闯，对与错，是与非，在探索中才能见分晓，错了改过来就是。不能因为错误难免，就缩手缩脚，不敢大胆前进。如果前怕狼后怕虎，就走不了路。对有些一时无法说清楚的问题，可以先搁置起来，不搞无谓的意识形态论争。”

播放邓小平纪录片有关“直面孤独与挫折”部分节选。

（2）埃隆·马斯克在推动可回收火箭项目时，曾遭受到众多知名科学家和工程师的反对和攻击。在反对他的人中，包括他童年的偶像、人类第一位登上月球的美国人阿姆斯特朗，也指责埃隆·马斯克无疑是在浪费资源。面对非议，埃隆·马斯克即使感到痛苦和伤心，却从未放慢对创新探索和尝试的脚步，从而迎来了 2020 年将 6 名宇航员分两次送上国际空间站的辉煌成功，他本人已成为世界上身价第一的成功商人。这是人类科技界和商界的奇迹，这也都得益于埃隆·马斯克时刻都在主动学习，勇于探索创新，直面孤独和挫折的精神和品格。

播放埃隆·马斯克纪录片有关“直面孤独与挫折”部分节选。

当然，邓小平在政治领域的创新和埃隆·马斯克在科技领域的创新，远远不止上面这些，但都值得创新工作者认真地予以研究、借鉴和学习。本书作者就是借鉴了他们的工作原则和创新思维，并运用于教学实践，形成了项目管理流程化学习课程体系。

3. 创新工作中的“坚忍不拔与灵活机动”（15 分钟）

邓小平与埃隆・马斯克都坚忍不拔地努力朝着创新目标勇往直前，也同时用灵活机动的方式不断调整创新所遇到的问题。正是因为邓小平强调实事求是、摸着石头过河的灵活作风，引领中国人民冲破旧观念，推行改革开放，成功走上了快速发展道路，创造了人类社会和经济发展史上的奇迹。

播放邓小平和埃隆·马斯克纪录片有关“坚忍不拔与灵活机动”部分节选。

4. 课后作业

整理今天的课堂学习内容。次日交给教师批阅并做好过程性评价。

（二）培养创新工作的品格素养的第二节课，自学“直面孤独和挫折”“坚忍不拔与灵活机动”

1. 课堂导入（1 分钟）

组织学生以小组为单位，对“创新领域的名人及其贡献”案例进行自主学习并做记录。

2. 查询信息“创新领域的名人及其贡献”案例（39 分钟）

利用互联网查询创新领域的名人及其贡献信息，同时将查询到的信息与名人事迹相对比，并指出其体现在“直面孤独和挫折”“坚忍不拔与灵活机动”主题的哪些方面。

3. 课后作业

总结查询信息的关键点。次日交给教师批阅并做好过程性评价。

（三）培养创新工作的品格素养的第三节课，分享“直面孤独和挫折”“坚忍不拔与灵活机动”

1. 课堂导入（2 分钟）

小结本节内容，引导学生以小组为单位进行分享。

2. 各组分享（38 分钟）

让学生以小组为单位上台交流，回顾“直面孤独和挫折”“坚忍不拔与灵活机动”的学习内容，相互学习，加深对主题的认识。

3. 课后作业

将本小组与其他小组的分享内容进行全面整理，并写下自己的感想。次日教师批阅并做好过程性评价。

第七节 树立创新岗位的工作作风：避免本本主义与照抄照搬、不争论赶紧做

一、课程意义

阻碍创新的因素很多，其中就包括本本主义、照搬照抄、与人争辩和纸上谈兵。学习“避免本本主义与照搬照抄”“不争论赶紧做”，将帮助学生从思想根源上树立平视学术权威、谦卑实干的创新观念和工作作风。

二、教学目标

1. 知识目标

学习了解中国文化中阻碍创新的因素，了解阻碍创新的思维惯性。学习毛泽东、邓小平的创新思维，包括“避免本本主义与照搬照抄”“不争论赶紧做”。

2. 技能目标

培养学生的创新意识和勇气，培养平视学术权威的思维，通过具体的实验数据和论证敢于对他人提出质疑和挑战。

3. 情感与态度目标

培养学生用科学工具和实干精神在创新工作中求证和探索的谦卑态度。

从课标要求看，“避免本本主义与照搬照抄”“不争论赶紧做”主题符合《小学科学课程标准》中的“以证据为基础，运用各种信息分析和逻辑推理得出结论，公开研究结果，接受质疑，不断更新和深入”的要求。

三、教学重点和难点

1. 教学重点

（1）分析传统文化中崇拜学术权威的思维惯性阻碍了创新。

（2）伟大的国家在昌盛之时容易变得傲慢自负，阻碍了创新。

（3）为中国注入创新基因的毛泽东与邓小平都反对崇拜学术权威，都以科学工具和实干精神在实践中进行创新。

2. 教学难点

将抽象的“实事求是”“反对崇拜学术权威”“谦卑实干”内容用形象的案例进行解读，最好用可以亲身实践的活动进行教学。

四、课程准备

该主题将以传统形式、自学形式和互动形式三种教学模式开展。

传统形式：介绍“避免本本主义与照搬照抄”“不争论赶紧做”主题内容。

自学形式：利用互联网搜索“避免本本主义与照搬照抄”“不争论赶紧做”相关信息拓展知识面，并总结整理。

互动形式：通过分享各自积累的案例，加深对主题的认识。

五、教学过程

先用 1 节传统形式授课，然后用 1 节自学形式和 1 节互动形式进行教学。

第 1 节课：以传统形式对“避免本本主义与照搬照抄”“不争论赶紧做”进行介绍。

第 2 节课：以自学形式对“避免本本主义与照搬照抄”“不争论赶紧做”进行学习。

第 3 节课：对自学内容进行总结和分享。

（一）树立创新岗位的工作作风的第一节课，“避免本本主义与照搬照抄”“不争论赶紧做”

1. 课堂导入（2 分钟）

向学生介绍以蒸汽机为代表的第一次科技革命发生在英国，以电气化为代表的第二次科技革命和以电脑网络为代表的第三次科技革命发生在美国。英国和美国作为西方发达国家的代表，说明它们的文化中潜藏着巨大的创新文化。引导学生思考：中国文化有哪些创新因素又有哪些阻碍创新的因素？

2.“迷信权威”与“傲慢自负”（15 分钟）

中国在西周开启了分封制、宗法制，在秦朝开启了郡县制，在隋朝开启了科举制。从此，古代先贤们设计的国家制度在社会治理领域远超其他文明，成为世界各国效仿的对象。此后一千多年，中国的政治制度只是在局部有所调整，总体却陷入了政治制度与思想理论的双重停止。隋朝以后，“儒、释、道”共同构建起中国人的文化内核。其中，儒家围绕“人与人”，佛教围绕“人与内心”，道家围绕“人与自然”，从三个角度形成了较为全面的理论体系。三个理论体系虽然价值观不同，但都相信各自的开创者已经发现了自然与社会永恒的规律。“儒、释、道”三家联手从思想上牢牢禁锢了中国人的创新勇气。

古代中国的历史故事似乎正在今天的美国重演。

过去一百年，美国人在社会治理与思想理论领域做出了杰出贡献。但正是在一段时间内的过于成功导致了固步自封，让此后的美国人开始的迷信权威与傲慢自负。

1787 年，美国制宪会议制定并通过《美利坚合众国宪法》，开启了美国的联邦制。以此为基础，历经多次修宪，美国倡导的“自由、平等、民主”理论体系逐渐成为世界各国人民所认同和追求的目标，美国也成为世界人民心中的“民主灯塔”。20 世纪 80 年代，美国学者提出了“历史终结论”，认为美国的制度趋于完美,美国的政治制度是人类政治制度发展的终极形态。这种固步自封的观点导致美国社会虽然政党轮替，却已严重缺乏政治制度与思想理论的创新。美国文明也进入了自我陶醉的梦境，必然被其他锐意进取的国家所超越。

从古代中国和现代美国的发展轨迹不难看出，阻碍创新的文化与思维有两方面：一是迷信权威，过分放大权威对真理的解读；二是傲慢自负，过分放大自己对真理的解读。

3.“避免本本主义与照搬照抄”（10 分钟）

有了打破学术权威的勇气和谦卑的姿态，在寻找创新出路时，就有了找出答案的基础。而答案就藏在历史中。

《反对本本主义》是 1930 年毛泽东发表的文章。他针对中国共产党在革命工作中盲从西方理论、照本宣科的教条思维方式阻碍了中国共产党发展的问题，提出要从调查研究出发，独立自主地抓住主要问题进行分析，提出了“农村包围城市”，这虽然在西方国家没有先例，却符合我国国情的策略，最终带领中国共产党取得了革命胜利。

“反对照抄照搬”是邓小平在 1977 年恢复工作后在多个场合反复表达的

观点。他指出，实事求是是马克思主义的思想基础。只有解放思想，一切从实际出发，理论联系实际，才能顺利推动现代化建设，才能发展社会主义理论。于是，高考制度、家庭联产承包责任制、按劳分配等一系列社会经济举措相继出台，让中国经济走上了崛起的快车道。最为重要的是，在这一过程中，他让中国有了拒绝照搬照抄的勇气，走出了一条“中国特色社会主义”的新路。

4.“不争论赶紧做”（10 分钟）

“不争论赶紧做”是邓小平在解决新问题时的重要理念和工作态度，对于创新工作要避免无意义的争论。邓小平不止一次地讲到“不搞争论是我的一个发明”，毫不掩饰自己对“不争论赶紧做”原则的钟爱。因为既然是新问题，就需要用行动去解决。行动既要快，又要控制风险。于是，在又快又能把控风险的前提下，如果做得好，新的探索成绩出来了，就用事实证明决策的有效性，质疑的声音自然也就会消失；如果做得不尽如人意、出现问题，那就尽快调整，用摸着石头过河的方式蹚出一条路来。倘若试图先要说服所有人、纠缠于理论层面的辩论，就会白费精力，贻误时机。

在改革开放的政策和走中国特色社会主义道路的选择上，曾经质疑之声不断，但是在“不争论赶紧做”的指引下，1978 年中国政府与日本建交、1989 年与美国建交、1980 年深圳特区建立……这些在当时看来难如登天的问题，却都以超出外界想象的力度和速度推进着，并取得显著成效。

如今面临百年未遇之大变局，教育改革如火如荼。只要有互联网，教师就能通过查阅各种资料进行理论研究和教学设计；只要有学生，就能将理论与实践相结合的课程创新，用于课程设计并进行教学实践。再加上各级教育部门的支持创新、鼓励创新等诸多有利条件，教育工作者更应该以“不争论赶紧做”的方式积极开展教育创新。做得好了就可以推广，发现问题及时调整，绝不轻言放弃。

5. 小结（3 分钟）

以上成功的创新案例，是中国共产党为中华文明创造的宝贵财富，它向中国历史上长期形成的崇洋媚外、崇尚西方学术权威的旧文化注入了创新的基因。“避免本本主义与照抄照搬、不争论赶紧做”不仅适用于社会治理领域，也完全适用于科技创新领域。学习了解这样的工作观念，将有助于学生建立创新工作的勇气，促使中国在世界舞台的角色从追赶者转向引领者，帮助中国人引领人类向前发展。

6. 课后作业

整理“创新作风”笔记。次日教师批阅并做好过程性评价。

（二）树立创新岗位的工作作风的第二节课，自学“避免本本主义与照抄照搬、不争论赶紧做”

1. 课堂导入（1 分钟）

向学生介绍本节课需要学习毛泽东的“反对本本主义”和邓小平的“不争论赶紧做”。

2. 查询“反对本本主义”（10 分钟）

以“反对本本主义”作为关键词，利用互联网查询其定义，并将查询到的信息记录在笔记本上。

3. 查询“解放思想，实事求是，团结一致向前看”（10 分钟）

以“解放思想，实事求是，团结一致向前看”作为关键词，利用互联网查询其定义，并将查询到的信息记录在笔记本上。

4. 查询“不争论赶紧做”（10 分钟）

以“不争论”和“邓小平”作为关键词，利用互联网查询其定义，并将查询到的信息记录在笔记本上。

5. 课后作业

整理自主学习查询到的信息，并总结关键点。次日教师批阅并做好过程性评价。

（三）树立创新岗位的工作作风的第二节课，分享“避免本本主义与照抄照搬、不争论赶紧做”

1. 课堂导入（2 分钟）

小结本节内容，引导学生以小组为单位进行分享。

2. 各组分享（38 分钟）

让学生以小组为单位上台交流，回顾“反对本本主义”“解放思想，实事求是，团结一致向前看”“不争论赶紧做”的学习内容，相互学习，加深对主题的认识。

3. 课后作业

将本小组与其他小组的分享内容进行全面整理，并写下自己的感想。次日教师批阅并做好过程性评价。

总之，项目管理流程化学习理论课程，通过传统形式授课、学生自学、讨论互动三种形式开展教学，本章详细介绍了授课过程，是围绕创新能力培养的理论基础课程，为创新人才培养体系提供了必不可少的思想武器，对学生成长以及对教师适应未来教学改革有着积极作用，将为创新型社会建设发挥积极作用。

第五章

项目管理流程化学习总结

古今中外出现了众多教育模式，分别适用于不同国家各个时代的各类人群。本章将把项目管理流程化学习与各类主要教育模式进行对比并分析其对各类人群的作用。

第一节　项目管理流程化学习模式与其他教学模式的比较

在信息时代来临的当下，为了找出“项目管理流程化学习”实践活动（下称“项目管理流程化学习”）与不同教育模式的区别，下面将分别与素质教育、应试教育、项目化学习、STEM 教育和劳动教育进行对比、梳理与分析。

一、“素质教育”与“项目管理流程化学习”的异同

从素质教育角度看，“六艺”“察举”“体育”“劳动教育”“综合素养”等各个历史时期的教育理念，都分别体现了各时期人们对素质教育的运作方式。从国家教育体制的角度看，虽然其初衷都是追求培养和选拔品学兼优、全面发展的优秀人才，却终因无法解决教育公平的问题而遭诟病（见表 5–1）。

表 5–1　项目管理流程化学习与传统素质教育的异同

异同	传统素质教育	项目管理流程化学习
不同点 1：教学内容	以综合素养为主，包括艺术、体育、劳作等，难以与目前的考核体系相兼容，容易出现影响学生考试竞争力的问题	从现行教材内容和课标要求中提炼，在知识层面加强和深化了教材内容的学习
不同点 2：教学方式	以示范、模仿、体验教学为主，场景多变、流程不固定，难以构建完善的考核体系，不便于推广	以结构化、流程化的教育模式，通过立目标、自学、设计、风险识别与应对、实施、调整、展示 7 个固定阶段进行教学，具有可操作性、可复制性，也为建立客观、全面的考核体系打下了基础
不同点 3：教学效果	大多需要花费额外资源，对于资源充足的精英阶层有利，对于资源有限的中下阶层不利，容易导致教育领域的贫富分化	训练学生通过较少资源为他人创造更多价值，有利于社会各阶层。在创造价值的过程中，既培养了创新思维和创新技能，又是“合作共赢”思想在教学中的具体体现
不同点 4：最终目标	以掌握知识和技能为目标	强调围绕创新能力的培养，符合未来创新型社会对人才的需求
相同点	总体目标，都以品学兼优、人的全面发展作为教育目标	

二、“应试教育”与“项目管理流程化学习”的异同

古代中国的应试教育，即科举制度，其无论在规模还是社会效益方面都达到了古代农业文明的巅峰。科举制度虽然存在功利主义的弊端，但是有利于解决教育公平的问题，为底层学子提供了上升通道，促进了社会阶层流动，为社会稳定发展和人才培养做出了巨大贡献。科举制度，也因此自隋唐建立（607 年）延续至清朝末年（1905 年），运行了将近 1300 年。

我国当前实行的教育模式（现代教育）同样属于应试教育的范畴。现代教育继承了古代科举制度公平、促进阶层流动等优点，通过统计学工具将学生按年龄划分年级，将庞杂的科学内容整理为系统的学科体系进行教学。在传播科学知识、促进科技发展和现代化建设方面成效显著，为工业生产的大协作提供了大量掌握标准化技能的人力资源。同时，因现代教育存在的个人主义、功利主义等诸多弊端，导致教育难以从根本上从“重结果、轻过程”和“重知识、轻能力”，转变为“重过程、轻结果”和“重能力、轻知识”。

“应试教育”与“项目管理流程化学习”的异同见表 5-2。

表 5-2 “应试教育”与“项目管理流程化学习”的异同

异同	现代（应试）教育	项目管理流程化学习
不同点 1：教育目标	围绕标准化技能展开教学，注重掌握知识、看重分数，导致学生、家长甚至教师和学校都片面追求分数，培养了“唯分数论”等功利主义思想，对社会风气有较大的负面影响	围绕创新能力展开教学，倡导满足他人需求，通过满足他人需求的实践活动，培养起洞察他人需求、主动学习、设计规划、风险识别、动手实践、持续调整、生产知识的创新能力。正确引导学生形成健康的价值观，助力学生养成终身学习的习惯
不同点 2：教学方法	以 1 节课时为单位设计课程，难以突破“教师教、学生学”的模式。迫使大多数教师为了维持课堂纪律和教师权威，采取严厉的态度对待学生，容易压制学生的主动性和创造性，甚至影响学生的性格发展，不利于创新思维的培养和未来创新型社会的建立	以 7 个固定环节为流程开展教学，教学时长以 7~30 课时为单位设计课程，教师平均每堂课讲解 10 分钟，有时甚至完全无须讲解，只需要答疑和维持课堂纪律，从而将大量时间交给学生主动进行探索实践，不仅以“教师少说、学生多做”体现了“以学生为中心”的理念，而且教师从传授现成知识的演讲者，转变为学生学习的支持者和共同探索未知的引领者，促进师生共同探索、亦师亦友、教学相长
不同点 3：适用时代	在工业化早期，培养标准化的技能，有利于社会生产大协作。但在信息时代，运用标准化技能的工作岗位将被机器所取代，社会将从规模驱动转变为创新驱动	培养创新能力，帮助学生在将来有能力利用包括人工智能在内的新技术提高创新效率，从而符合信息时代创新型社会对教育的要求
相同点	都在现行分年级、分学科的学校管理模式下进行教学，都依照课标要求和教材知识内容进行教学	

三、“项目化学习”与“项目管理流程化学习”的异同

源自美国的“项目化学习”在20世纪80年代逐步成熟。它沿袭了美国著名教育家约翰·杜威（John Dewey）提出的“做中学”教育思想，并逐步从大学高等教育扩展至中小学基础教育。

“项目化学习”与“项目管理流程化学习”的异同见表5–3。

表5–3 “项目化学习”与“项目管理流程化学习”的异同

异同	项目化学习	项目管理流程化学习
不同点1：教育目标	要求围绕“解决一个真实问题”或是“挑战一个设计性问题”或是“探究一个抽象概念”或是“对一件事发表观点”开展教学，研究的问题宽泛，教学目标分散	专注于创新型社会的需要，重点针对创新能力开展系统训练
不同点2：教学流程	教学目标宽而散，教学流程不固定，过程以教师自我安排为主，缺乏对教学结构和教学流程的设定，既不利于教师培训，更不利于考核评价，因而不便于推广	基于项目管理流程形成的结构化、流程化教学模式，以7个固定环节开展，易于师生掌握，有利于构建考核评价体系，所以更易于复制和推广
不同点3：教学出发点	不强调满足他人需求，未跳出个人主义、功利主义的框框	强调关注他人需求，强调将学习与生产相结合，把传统学习培养学生以自我为中心（“我”学到什么知识、“我”考试成绩多少分、“我”得了哪些奖项），转变为关注他人需求、利人利己、合作共赢（他人需要什么、如何通过学习和劳动满足他人需求），在教育领域实践合作共赢理念
不同点4：教学内容	仍然强调知识内容，包括应用类、科技类、社会类、文艺类。这些特定的知识内容设定，难以与我国现行教材相结合，通常是围绕课外知识进行学习，分散学生学习精力	从教材中选取内容，综合运用各种课程知识并加以拓展，重新整合设计课堂，通过转变教学理念和教学方式转变学生学习方式，换一种方式回归到教材内容的学习中
相同点	都是围绕项目展开的实践活动教学模式。	

四、“STEM教育”与“项目管理流程化学习”的异同

源自美国的“STEM教育”理论成熟于21世纪初，STEM四个字母代表了科学（Science）、技术（Technology）、工程（Engineering）和数学（Mathematics）。“STEM教育”在2015年前后开始对中国的教育改革产生影响。中国教育科学研究院于2017年正式发布《中国STEM教育白皮书》，启动“中国STEM

教育2029创新行动计划”，开始大力探索和发展STEM教育，目前已成为中国教育改革与探索的一个重要的探索方向。

“STEM教育”与“项目管理流程化学习”的异同见表5–4。

表5–4 “STEM教育”与“项目管理流程化学习”的异同

异同	STEM教育	项目管理流程化学习
不同点1：教育的出发点	强调围绕学生自身获得知识和技能，并不强调满足他人需求，难以跳出个人主义、功利主义的框框	强调关注他人需求，把以自我为中心转变为关注他人需求、利人利己、合作共赢
不同点2：教学内容	以前沿科技为核心，主要强调学习课外知识，脱离现行教材，增加了学生课业负担，分散学生学习精力	力图围绕教材和课标开展教学，既符合“新教改”换一种方式教学的要求，又可以从现行教材选择恰当主题，深化教材学习
不同点3：推广成本	需要编写新教材、使用新教具、培训新教师，课程开发成本高，导致只有少数发达地区和中心城市的学生可以享受到相关课程	为流程固定的教学方法，不仅适用于现行教材，而且有潜力将广大农村地区的文化和自然特色进行整合，设计形成具有地区特色的乡土教学内容
相同点	“STEM教育”并非科学、技术、工程和数学学科的简单叠加，而是要将不同学科内容组合形成有机整体，强调跨学科、趣味性、体验性、情景性、协作性、设计性、实证性和技术增强性，更好地培养学生的创新精神与实践能力。故二者一致	

五、“劳动教育”与“项目管理流程化学习”的异同

源自苏联的“劳动教育”理论成熟于20世纪初，深刻地影响着我国教育乃至社会发展。时至今日，劳动教育仍然在我国的教育体系中发挥着举足轻重的作用。2020年3月，中共中央、国务院印发《关于全面加强新时代大中小学劳动教育的意见》，贯彻党的劳动教育方针、加强劳动教育系统设计和全面部署。文件要求：实施劳动教育重点是在系统的文化知识学习之外，有目的、有计划地组织学生参加日常生活劳动、生产劳动和服务性劳动，让学生动手实践、出力流汗，接受锻炼、磨炼意志，培养学生正确的劳动价值观和良好劳动品质。通过劳动教育，使学生能够理解和形成马克思主义劳动观，牢固树立劳动最光荣、劳动最崇高、劳动最伟大、劳动最美丽的观念；体会劳动创造美好生活，体验劳动不分贵贱，热爱劳动，尊重普通劳动者，培养勤俭、奋斗、创新、奉献的劳动精神；具备满足生存发展需要的基本劳动能力，形成良好的劳动习惯。

“劳动教育”与“项目管理流程化学习”的异同见表5–5。

表 5–5 “劳动教育”与“项目管理流程化学习”的异同

异同	劳动教育	项目管理流程化学习
不同点：教育内容	强调家务、农务等体力劳动	将体力劳动、脑力劳动、创造力劳动融为一体，形成了与时俱进的新型劳动教育模式，促进教育与创新型社会对接
相同点	都强调动手实践，都以“实践活动是形成价值观的依据”作为理论基础，都将培养利人利己、合作共赢的社会主义核心价值观作为教育目标	

综上所述，本书探索的“项目管理流程化学习”教学模式以项目管理的流程为基础，尝试将理论与实践相结合、校内学习与社会工作相结合、学习与生产相结合，继承了项目管理的实践性与创新性，结合源自探险、科研、工程和社会治理领域的创新经验，从另一个侧面、以另一种形式促进教材知识的学习和应用，高度满足课标的人才培养要求，是一种面向未来创新型社会的新型教学模式，易于实施和推广。

第二节　项目管理流程化学习对不同人群的作用

“项目管理流程化学习”作为一种新的教学方式，既可用于现行教材的课堂教学也可以延伸至课外，是一种培养创新能力的学习和提高、推动创新工作普遍开展的新型教育平台，在构建创新型社会的过程中，能不同程度地促进学生自学、教师教学、学校教育、家庭教育和社会再教育。

一、对于学生的作用

随着智能手机和移动互联网的普及，大部分情况下学生已经有足够方便和多元的渠道获取知识。未来教育无须要求学生记忆大量知识，而是需要培养学生通过主动学习、设计规划、规避风险、动手实践来为他人创造价值。因此，应该培养学生洞察他人需求、查阅资料、设计、风险识别、动手实践、解决问题、坚忍不拔的品格、表达能力等推动创新工作的能力。在教学中通过丰富多彩的实践活动树立合作共赢的社会主义核心价值观和创造价值的思维方式。

“项目管理流程化学习”对于学生的作用有以下几种。

（1）学生将明确知识的用途，在实践中提高学习积极性，从而促进对知识的理解、掌握和运用。

（2）培养学生从关注自己的成绩转向关注他人需求，训练洞察他人乃至社会需求的能力，为将来实现更大的个人价值打下基础。

（3）训练学生预判和应对各类风险，在面对挫折时更加从容自信，理解学习和工作都遵循“稳定、创新、纠错”的发展原则。

（4）对于过去成绩好的学生，他们会发现自己需要学的东西很多，越是对自己要求高，就越需要坚忍不拔的品格。这将有利于培养谦虚、坚韧的品格和提升抗打击能力，避免恃才傲物、经不起挫折。对于过去成绩差的学生，他们将发现自己也有可以施展自己才华、满足他人需求的机会，从而体会到自身价值，在实践活动中发现自身特长并加以发展成为有用之才，避免单一维度的考试评价对学生造成的价值感缺失。

（5）帮助学生明白收入与价值、权利与责任存在对应关系，理解个人收入取决于为社会创造价值的大小。一旦收入高于价值或权利大于责任，都将受到道德的谴责与法律的制裁。所以必须以创造更大价值与承担更重责任来获得更高收入或更大权力，为幸福、有意义的人生树立起正确的三观，有利于健康成长。

二、对于教师的作用

在现代教育体系下，教师主要围绕上好课、管理好班级、沟通好家长几方面开展工作，通常一位新教师 3 ~ 5 年就可以胜任工作岗位。受制于标准化的工作目标与绩效考核，教师在年复一年的重复工作中容易陷入平淡无奇、缺乏创意的状态。大部分教师从刚入职时对教育事业充满热情，渐渐消磨而化为平庸，逐渐将人生的重心放到家庭和生活中。

“项目管理流程化学习”可以使教师工作状态从平淡无奇转变为充满激情，给年复一年的重复工作带来新意。教师要成为训练学生创新技能的教练，首先要将自身打造为创新高手，才能支持学生主动学习，激发学习兴趣。由于课堂时间更多地交给学生自己探索，在教学过程中教师将有更多时间和精力观察学生的言行，从而在提高学生成绩的同时，有更多精力对学生进行多维度的教育，在工作中实现自身更大的价值。

三、对于学校的作用

目前学校单向从社会获取资源服务于学生，学生单向从学校和家庭获取资源进行学习，这样的实践活动极易培养出自私自利的个人主义价值观。一旦“项目管理流程化学习”在中小学全面广泛开展，学生将不再单向从学校和家庭获取资源进行学习，也将反向为学校和家庭做出自己的贡献；学校也不再单向从社会获取资源服务于学生，将与学生一道反向为家庭或社会做出自己的贡献。从前面提到的“阳台种植自媒体”“城市小导游”“无臭去盐有机肥料发酵箱”的例子中可以发现,一旦在教学中引导学生为社会创造价值，学校和教师就自然而然地成为促进学生创新实践的合作者，学校就能利用自身资源支持学生通过劳动满足社会需求，从而提升学生、教师和学校为社会创造价值的能力，也是社会责任感的体现。

在学校教学中推广“项目管理流程化学习”教学模式，通过创新的教学方式回归教材内容，非但不会影响教学质量，反而将有助于提升学生的学习兴趣和对知识的深入理解，提高学生在现有考核体制下的竞争力和面对未来社会的适应力，从而提升学校的办学质量。

四、对于家庭教育的作用

家庭教育对人的影响最为深远。所以，父母对于子女除了在物质方面承担“养”的职责，更需要在“育”的方面成为子女成长的引路人。通常说来，父母与子女交流的话题基本上都离不开学习、生活与娱乐三个话题。随着子女进入学校成为一名学生，不少父母认为子女上学后教育的责任就交给了学校和教师，并采取“学生的天职只是学习”的狭隘思想，将家长关心孩子片面地理解为催促学习、做题、背书，却往往忽视了对孩子好奇心、受挫能力、关爱他人、承担责任等能力的培养。然而，这些恰恰才是影响孩子一生的关键。

基于“项目管理流程化学习”教育理念，父母可以在子女四五岁以后，与子女一起分析日常生活中可以为家庭做的贡献，并将家庭任务罗列出来，训练子女由简到繁地完成家庭任务，培养责任心，体会成就感。在家庭任务中，除了日常家务劳动以外，还应注意观察亲人长辈的需求，比如，爷爷奶奶有种植植物的喜好和需求，父母就可以与子女一起种植植物，查阅植物书籍、学习汉字，在植物长成后将植物送给爷爷奶奶，从而通过满足他人需求感受到创造价值的乐趣。随着子女的成长，项目的广度和深度可以逐渐提高。

作为训练多种思维方式的教育平台，将“项目管理流程化学习”应用在家庭教育中，既可以让父母与子女一起洞察社会需求、分析行业趋势，还可以一起规划长远项目计划，为将来的职业发展打下基础。“项目管理流程化学习”帮助父母与子女共同成长，增加亲子之间的情感纽带，不仅会对子女未来的生活、学习和工作产生积极影响，而且父母与子女将成为教学相长、拥有更多讨论话题、共同成长的伙伴。

五、对于成年人终身学习的作用

中国人的吃苦耐劳在全世界都首屈一指。但大多数人做着紧张又重复的工作，在年复一年的循环中逐渐丧失了对工作的热情和成就感，在熟悉的岗位上平淡度日。“项目管理流程化学习”作为一种促进创新的终身学习方式，将从以下两方面促进人们开展创新工作。

（1）围绕本职工作开展创新。从“项目管理流程化学习”的视角看，一个行业的从业者，对于行业问题必然会有更多近距离观察和分析的机会，完全可以通过研究行业难点和瓶颈，通过研究、设计、实践、调整、总结的创新探索突破行业瓶颈、提升行业效率。基于卓越贡献，自身也将获得相应的收益与名誉。这种工作方式是实现人生价值的有效途径，将使人们在原本平淡乏味的工作岗位上感受到价值感、成就感和满足感。

（2）围绕兴趣爱好开展创新。长期以来一个人的兴趣爱好通常只是属于自己的消遣娱乐，并不容易变成职业。但是在互联网快速发展的信息社会中，每个人都有可能将自己的兴趣爱好变为满足他人需求、实现社会价值的素材。从“项目管理流程化学习”的视角看，可以探寻自身爱好与社会需求之间的关联，设定满足他人需求的目标、自学相关知识，提升自身技能，以不同形式进行尝试并反复调整，最终将自身兴趣爱好与社会需求以合理的方式进行对接，最终找到热爱的工作。

“项目管理流程化学习”将通过本职工作和兴趣爱好两方面激发起人们内在的创新热情，实现人生价值。工作，将让人充满激情和动力，不再只是为了岗位的绩效考核，将有更多人通过创新找到具有成就感的工作，更好地开发人才，让人人都觉得自己有用武之地。

六、对于监狱教育的作用

作为国家教育体系中重要而又特殊的组成部分，监狱教育容易被教育工作者忽略。而“项目管理流程化学习”不仅在常规教育中将起到积极作用，在监狱教育等特殊教育中也可以尝试发挥建设性作用。

从监狱教育的完整性看，它应包括犯罪前的“预防犯罪教育”、犯罪后的“服刑改造教育”和出狱后的“回归社会教育”。对监狱教育这三个阶段，“项目管理流程化学习”都在一定程度上具有协助提高其教育质量的作用。

对于“预防犯罪教育”，应当由家庭教育、学校教育、社会教育和监狱教育共同完成。在教育实践中，既然有“家校联合”，也可以让狱警参与到学校教育，进行案例分析，开展学校与监狱联合的“预防犯罪教育”，用“项目管理流程化学习”倡导的合作共赢的思维方式去看待犯罪，可以说几乎所有犯罪都违背了“关注他人需求，为社会创造价值”的原则，包括贪污受贿的官员、学术不端的学者、偷税漏税的企业家等。他们中既有感受不到教育带来的成就感而走上犯罪道路的“差生”，也有大量自私自利、精致利己的“优生”。这些错误行为都是过去以自我为中心的教育难以避免的问题。“项目管理流程化学习”引导所有学生通过劳动满足他人需求，通过互利共赢的实践活动培养正确的价值观，削减“唯分数论”造成的功利主义、利己主义的负面影响，让学生在教育中感受到满足他人需求的成就感和价值感，从而起到预防犯罪的作用。

对于“服刑改造教育”，需要让服刑人员明白犯罪的本质就是损害社会价值，就算赚钱再多也无济于事，及时行乐也得不到幸福生活。在“服刑改造教育”中，用“项目管理流程化学习”模式训练和培养服刑人员洞察他人需求和创造社会价值的能力，通过自己的劳动创造价值，满足他人需求，体验成就感和价值感，通过在实践中树立利人利己、合作共赢的观念。这一过程有利于切实提高服刑人员的（创新）工作能力，为他们回归社会后过上幸福生活做好准备。

对于“回归社会教育”在现有管理体系中，可以用“项目管理流程化学习”发掘服刑人员回归社会后为社会创造价值的渠道，持续训练其创新技能，让他们回归社会后不断提高劳动效率，从而增加收入，满足社会需求、实现个人价值，最终过上幸福生活。这一阶段需要切实培养“项目管理流程化学习”的技能，让服刑人员有机会为社会创造更多财富。

在实际工作中，监狱教育必然面对复杂局面，非以上几句话所能解决。但作为一种新颖的教学模式，可以将“项目管理流程化学习”作为监狱教育的一方面，促进社会的健康发展。

第三节 未来教育的展望和路线图

任何教育模式都需要相应的教育技术支撑才能落地和普及。过去的察举制度、素质教育、核心素养等教育形式，分别以文字或统计学作为学生数据收集、分析和评价的工具，却都无法避免由于人为因素的干扰而难以落地和普及的窘境，就算强行实施也难以成功。随着人工智能技术的逐步成熟，在未来的教学过程中，长时间、多场景的考核将逐步实现公平、高效、持续的数据收集、分析和评价，这将颠覆现有教育的状态。

一、人工智能技术下的教育

教育的底层技术从语言、绘画、文字发展至统计学，成就了从口口相传、看图说话、阅读写作到标准化教育的教育模式。今天，信息技术革命带来的人工智能技术很有可能将再次推动教育发展的进程，新的教育模式呼之欲出。新时代要求教育工作者基于人工智能技术的特点，为教育的迭代升级做好理论和技术上的准备。

什么是人工智能技术呢？它源自统计学与计算机科学的结合。尽管其定义一直在变化和发展，但目前有两个最为常见的人工智能的定义，一是 1956 年在达特茅斯会议上所提出来的定义，即“制造一台可以模拟学习或者智能的所有方面的机器”；另一个是美国科学家尼尔斯·尼尔森（Nils J.Nilsson）在 2003 年编写出版的《人工智能》中的定义，即人工智能是“关于知识的表述、获取、运用的科学”。对于以上两个定义，计算机专业人士更偏向于后者，但对于我们教育工作者仍然稍显晦涩，不易理解。

如今，人们逐渐将注意力集中到了人工智能领域中的“机器学习”部分。因为“机器学习”将赋予机器掌握诸如“语音功能”“驾驶功能”“数据分析功能”等大量标准化技能的能力，对于本书所探讨的教育，“机器学习”也是关于学习的科学，是与“人类学习”即教育，有大量重合的部分。

对于机器学习的定义同样众说纷纭。在众多说法中，网名为 YJango 的留日工程师给出的定义较为准确和精练：“机器学习就是人们通过机器实现获取和存储信息、构建模型、应用模型、在应用中校正模型，最终实现提升生产效率的模型系统。”笔者将这一定义套用在下棋、手机软件、自动驾驶等场景中，似乎相对容易理解。比如，人工智能应用于国际象棋或围棋的机器学习，它们在海量的棋谱中获取和储存信息，构建下棋的模型，在与他人的较量中校正模型以应对越来越精明的对手，持续迭代，最终机器学习形成了人类难以战胜的下棋模型系统；还有，手机上的购物或视频推荐的机器学习，它们在海量的用户行为中获取和储存信息、构建用户喜好的模型、在向用户推荐商品或视频的互动中校正模型，持续迭代以发展出满足用户需求的推荐模型，最终机器学习形成了洞察人心又高效的购物和视频推荐模型系统。由此可见，在不远的未来，将出现在百姓生活中的自动驾驶汽车的机器学习，他们将大量行驶在交通系统中的汽车与云处理器相连，通过传感器收集信息，通过服务器储存信息、构建驾驶模型，在虚拟驾驶与真实驾驶的互动中校正模型，持续迭代，最终形成安全又高效的自动驾驶模型系统。以上所说的人工智能都已经不是理论或目标，而是已经出现在我们身边的成熟技术和商品，比如，下国际象棋的“深蓝（Deep Blue）”、下围棋的“阿尔法狗（Alpha Go）”、购物的“淘宝”、视频的“抖音”和自动驾驶的“特斯拉（Tesla）”。

由此可见，人工智能和机器学习都需要特定的规则模型，即下棋的规则、购物或看视频的规则、交通规则等。在以人工智能技术为构想的课程设计与教学实践中，同样需要有特定的规则模型作为前提。这也正是我们围绕创新能力构建起流程固定教育模式的原因。而“项目管理流程化学习”由立目标、自学、设计、风险识别与应对、实施、调整、展示 7 个环节形成固定流程，